人渣干政

人渣文本帶你前進臺灣政壇第一線，坐擁海景第一排

周偉航
人渣文本

前言

PREFACE

這是我第三本關於實務政治的專著。第一本《人渣文本的政治倫理學》主要是對政治事件的評論與再評論，偏重各位讀者「看得到」的部分。第二本《選舉，不是你想的那樣！》談了許多選舉技術，而對選上之後的部分著墨較少。因此，一直有讀者要我談談實際執政過程中「普通人看不見」的部分，而本書就是針對如此需求而生，可是主題雖然明確，如何拿捏內容深度，卻非常不容易。

如果要談民主政治運作的光明面，去看些政治學課本，或是讀點公共行政書籍，甚至只要會google，都能掌握到許多資訊。但真實的政治，是套運作細膩的機械，要學會操縱「它」，需要掌握許多專門技巧，有時花上十幾、二十年，仍難以上手；若要理解這套技巧背後的理路呢？我認為至少也要花上三、五年的時間，但不論是前者或後者，這類主題的內容量，顯然都不是一本政治普及書所能承載的。

所以應該談點「清粥小菜版」的政治常識，讓普通讀者也能輕鬆消化囉？這樣政治工作者看到本書時，就不滿意了，會認為我都點到為止，沒有那種「味道」，是騙外行人的錢。那該怎麼辦？

在撰寫此書的同時，我也獲邀為許多政黨的營隊開講，在這過程中，我發現了一個不錯的切入角度：這些營隊企圖把素人轉變為政治人，但因為時間有限，又急於練出一批可上戰場的人力，所以他們都請講師專談最關鍵的「心法」部分，略過網路或課本中可以找到的資訊。這不就是最適合本書的形式嗎？

我因此敲定本書大綱與背景脈絡。我不打算條列說明實務政治的ABC，而是透過兩位主角與政客的問答過程，讓讀者能在最短時間內掌握政治實務的「心境」。

這兩位主角都是對政治有興趣，並以高分獲得某假想政黨實習機會的大學生，而在他們第一天的實習過程中，此虛擬政黨的四位政客會先後出面招呼他們，回應提問，並坦然告知政治生涯中的各種經驗與體認。為了充實內容，除了我個人的政治體驗外，我也將三位「現役」政治圈好友的經歷打散，融入了這些論述中。

讀者朋友將隨著主角經歷一場政治的入會儀式，也將在光鮮亮麗、激情四射的選舉場景之外，看到政客沉穩冷靜、心思細膩的另外一面。在本書的最後，這兩位實習生將決定是否留下來奮鬥，而讀者呢，也可思考「這樣的政治是不是我要的？」

若答案是「不是」，就該轉身走開嗎？

不。這正代表你應該跳進來。

目次

CONTENTS

登場人物介紹

CHARACTERS

陳同學：打算進政治圈工作，但不太了解政治實務的大學生。

王同學：關心政治且有主見，打算透過實習機會進一步了解政治的大學生。

張專員：現任黨中央組織部專員，負責帶領實習生與黨公職面談，有市議會與立院的工作經驗。

何主委：現任桃園市黨部主委、中常委，由里長當到議員，是有三十年經驗的地方政治老江湖。

鍾委員：現任不分區立委、立院黨團幹事長、苗栗縣黨部主委、中常委，黨內的明日之星，將來的縣長候選人。

許執行長：現任黨內國家政策基金會執行長，前總統文膽，將來總統大位的競爭者。

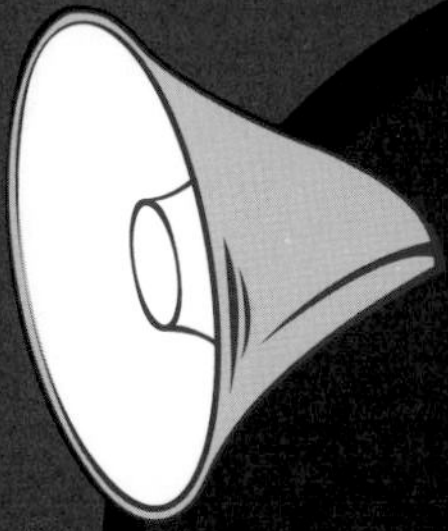

第一堂

沒有知識也該有的政治基本常識

張專員：

陳同學和王同學？早安啦，你們可以放輕鬆點囉。分組以後，就是我來帶你們兩個闖關。我就是你們兩位今天一整天的……導航員，就是導覽人員啦！

從現在開始的行程呢，照我手上的資料來看，是要帶你們去認識三個單位的主管，分別是地方黨部、立院黨團，還有我們的智庫。這些單位都會推一個主管或高層出來，和你們聊一下這樣。每個單位都跑一圈之後呢，你們再決定要去哪個黨部實習，當然，也可以選擇放棄喔！本黨是很自由的政黨啦！應該說是隨興，也可以說是隨便。哈哈！

啊，不過我看你們的面試分數，都很高分耶，這麼努力爭取，應該是不會放棄吧？啊，對了，我姓張，是黨中央組織部的專員，黨內大家都叫我小張，你們也叫我小張就好啦，叫「張專員」我可能會沒發現是在叫我喔，哈哈。

這是我的名片。你們可以坐啊，放輕鬆點。對，隨便坐，有位子就先坐，我們先坐先贏，因為這就是我們的地盤啦，叫那些主管來這邊找我們報到就好！有沒有賓至如歸的感覺！

照我手上的行程表呢，你們第一個要見的，是我們桃園市黨部的何主委，一個胖胖的阿伯，你們可能沒看過，因為他主要都是在地方上活動，不是桃園人大概就不認識。

何主委也是本黨中常委，中常委們現在正好在開會，所以要等他們開完會才有空見面，我們就先在這個休息區等吧。在這之前，有什麼問題嗎？有問題可以先問我哦，我個人是從臺北市議會的助理做起，也有在立院工作一年半，接著就是來黨部工作，所以從地方到中央的基本狀況都有一些了解啦！

有什麼問題嗎？看來兩位彼此也不認識？剛好一男一女，所以可能會比較尷尬啦。因為我們接下來每一場會面，主管們都不會先準備主題或要說什麼，都是要你們主動提問哦！不一定是關於實習工作的，你們要問和政治相關的都可以。或者說，有什麼政治八卦是你們想知道的嗎？哈哈，我們這邊八卦很多喔。

喔，妳是陳同學吧？有什麼問題嗎？

用人哲學 想當幕僚或助理，「靠關係」不是唯一解

陳同學：我想問問喔，政治人物選上以後，會用什麼人來當幕僚或助理啊？會用像我們這種沒有關係的人嗎？這樣會問太直接嗎？

張專員：不會啊，妳問得很好哦，畢竟你們就是來找工作機會的嘛！這的確是你們這種實習生應該關心的。可是妳問的問題範圍非常大耶，這種用人的事，可以分很多層次來談。

這樣講好了，你們可能想像自己進政治圈的話，會是去當民代的助理，或是政府首長的機要祕書。這種工作雖然看起來蠻特別的，但這就像在外面應徵工作一樣，有時人家就是會比較愛用新人，有時會要求有工作經驗，有時會希望你長得好

看，或是會待人接物。

有些人當然是靠關係進去啦！不過這種工作多半薪水不高，又是責任制的，很辛苦，所以各辦公室永遠都是缺人的狀態，因此你就算沒啥關係也是有機會進去，只要表現好，很快當到主任、特別助理的，也是一堆呦！

現在除了透過人力銀行之外，有時他們也會透過粉專徵人，你們看到喜歡的直接去投履歷，就有機會進入這行啦！當然，如果你是一個新人，除了課本上學到的政治或法律知識之外，要是對政治實務有一些了解，在面試的時候會非常加分喔！

陳同學： 那要怎麼知道這些政治實務的資訊呢？

王同學： 感覺還是要那種政治世家的人才會比較懂吧？

張專員：

如果你是政二代，當然從小是比較有機會接觸這方面的事，但普通人也不是一定要進了這圈子之後才能掌握相關概念，平常多聽多看，同樣能掌握。不然這樣吧，反正都是在這邊等人，我就先概念性地多少談一點好了，讓你們先有整體概念，之後再深入，就比較不會亂成一團。

要從哪邊講起呢……就從我們剛剛聊的「找人」來講吧？我就用這個主題，幫助你們掌握一下政府的結構關係。那我要講的找人，也不只是找你們這種新人或素人，而是整體來看，一個政治人物會怎麼尋找他的合作伙伴。這些合作者有些可能會比政治人物本身還老喔。

先來談地方首長好了。縣市長通常都是從民代磨練上來的，所以他們已有一批跟著他好幾年的助理或機要團隊，此外還會有一些地方樁腳類型的人在幫他們。

他們在當民代時自己培養出來的人馬，會比較擅長問政和選民服務，這些人要處理執政相關業務，通常是不太靈光的，所以他還是需要一些「社會賢達」來幫忙。

那誰是新進來的社會賢達呢？這些人可能之前和他沒啥關係，在當選之前甚至根本不認識，是透過朋友介紹、保證而找來的。不然沒人保證，信不過呀！所以如果他要組小內閣的話，還是會在信任的人脈圈裡面去找。

陳同學●●

小內閣是什麼啊？

張專員●●

「小內閣」是個俗稱，就是指各局處首長們，就像行政院長有內閣那樣，各有專長的。

王同學●●

那朋友又都會介紹什麼樣的人呢？會看學經歷嗎？還是一般公務員？

張專員：好，你問到重點了。透過朋友介紹會找到什麼人呢？我剛剛有先看過兩位的履歷表，你們都是在臺北讀書嘛，像臺北市的小內閣，通常就是找專長在那領域的學者或專家，但臺北盆地以外，其他地方縣市長用的局處長，通常是找地方派系政客的親戚，比如說某某前輩的小孩啦，或者是某個議員的女婿啦，因為他有讀到博士，是個大學教授，那就幫他安插一個局處長。

王同學：這樣用人，不會有近親繁殖的問題嗎？而且真的做得好嗎？

張專員：王同學你問問題都是直接命中要害耶，在政治圈講話這麼直接，活不久哦！哈哈，嚇你的啦，沒這麼嚴重。但你講的問題確實存在，這些親朋好友的確不見得會執政，或是專長沒有對應到位子。那為什麼還要找他們呢？

一方面來說，是地方拉不到什麼像樣的外地人才，只有透過認識的人靠關係去拗他，他才願意來；而且你找的頭銜都是博士、教授，也比較派頭，地方議員大多是沒讀書或買學歷的土包子，碰到這種真貨會比較低姿態一點。臺北博士滿街走，掛個博士沒啥了不起，但博士在鄉下還是蠻威的。

除了上面說的理由，另外就是現實考量了。這樣給位子，就是要讓「大家有飯吃」。因為你選舉挺我，我選後就讓你爽，給你位子安插自己人。這就是政治分贓啦！但這樣分，也不見得只有惡意的考量，有時是有不得不為的苦衷。

什麼苦衷呢？有些很窮的縣市，像是俗稱的農業縣，縣長已經沒多少錢可以推行政務，就算想推，也經常在議會裡被卡到，因為那些議員也想要分錢、分預算。不是直接要貪污啦！而是希望有些預算能用在他指定的建設，這些建設就能成為他的政績了。

為了避免到案子送進議會時才被擋，縣市長在組小內閣時，就會去找各地方派系，要他們推薦「人才」來當局處長，甚至找老議員來當局處長，這樣就可以搞定議會了，能湊到過半的票數來護航縣市長自己想要的預算。

王同學●●

對了，我想起來了，我有聽過同學的爸爸因為認識議員，所以議員就把他姊姊安排到某個地方政府去上班。好像是鄉公所。

陳同學●●

鄉公所算是縣政府吧？還是別的？

張專員●●

鄉鎮市是次一級的地方首長，是縣政府轄下的單位，不過鄉鎮市長可能和縣長不同派系哦！因為鄉鎮市長也是選的。你說你同學的狀況，應該就是和那個鄉鎮市長同派系的議員，才有辦法安插人。

現在鄉鎮市已經愈來愈少了，因為人多的地方已經變直轄市，就六都嘛，人口超過臺灣的一半。只有在「縣」，像是嘉義縣啦、彰化縣這種地方還會有鄉鎮市長，像新竹市、嘉義市這種省轄市，就沒有鄉鎮市長，而是「區」，和直轄市一樣是區長，那不是選的。

鄉鎮市長的格局就更小了，資源非常少，能執行的業務也不多，甚至連小學也管不太到。啊，小學外圍的水溝管得到啦。鄉鎮市因為是「公所」，沒有小內閣，也就不需要高端的人才，反而比較需要低階的人力。像你同學的姊姊，可能就是最基層坐櫃臺的約聘人員。

鄉鎮市長因為沒錢，所以他們跟地方上的派系，像是議員或鄉鎮民代表的連結就要更加緊密，這樣才能「穩定財源」，那在用人上就會考量更多派系要素。你只要有在注意鄉鎮市政府，就會發現他們改朝換代之後，經常會換一批約聘人員，這些新來的約聘人員會是同派系民代的親朋好友，像是某某市民代表家裡不成材的兒子啦，或是某議員在準備考公務員的姪女啦，就通通安插到鄉鎮市公所裡面。

對了，大多數鄉鎮市長管得到清潔隊，而清潔隊會有約聘人員職缺，所以要安插人事的空間就比較大。有時清潔隊還會變成鄉鎮市長和縣長角力的一張牌哦！苗栗市長和苗栗縣長之前處得不好，所以有陣子苗栗市長就叫清潔隊不要去收苗栗縣政府的垃圾，讓苗栗縣政府垃圾堆積如山。

我認為這種垃圾戰蠻有用的，因為當這些服務存在的時候，你不會有感覺，有天突然沒有的時候，你就會痛不欲生。

我在這邊順便幫你們建立一個觀念，我覺得這觀念還蠻重要的，要進政治圈，一定要知道這件事哦！就是啊，那些民選政務官換來換去，也很難惡搞到什麼程度，因為下面還有一大票基層公務員在撐著政府日常的運作。

所以就算很多人說臺灣很亂、要滅亡了啦，但你只要看到路燈有亮，垃圾有人收，基本上就可以安心，因為這代表政客只是嘴砲，影響不了大局。如果垃圾沒人收，路燈不亮也沒人修，就算政客說沒事，你也要小心了。

陳同學：我的直屬學長是在立法院當助理的，他說地方議會比較沒有當助理的機會耶，因為都是用議員自家人。如果鄉公所又要靠關係，那我們在挑單位時，就應該放棄地方黨部，先去找中央單位嗎？

張專員：妳學長講的不能說有錯，但至少在臺北市議會，是會用到普通學士或碩士當助理的，因為他們比較像立院。不過其他的地方議會，議員聘用的助理的確比較多是親友。

因為地方議會不太立法，所以通常不需要有讀過書的人當助理，他們比較需要跑地方，做選民服務的，這種就不需要讀過什麼書，比較看溝通能力，夠不夠「在地」。當然，有些民代聘親友當助理，是要詐領公家發的助理薪水啦！不過最近抓比較嚴，所以全都是找親友當人頭領錢的狀況，已經沒有二十年前那麼多了。

王同學：原來如此。可是如果沒有懂法律的助理幫忙，這些議員能問政嗎？

張專員：同學！你又問到重點了。地方議會的確一堆是白痴、廢物政二代、黑道、土包子，他們啥都不懂，問政自然亂七八糟。不過呢，還是有一些認真努力的人，我就來說一下這些認真努力的人到底怎麼問政，或是怎麼學習問政的。

縣市議員分成兩個層級，第一個是直轄市的議員，第二個是地方縣市的議員。這兩種議員的工作內容都差不多，就是質詢問政、審預算，還有選民服務。其中大多數的技巧都需要長時間的磨練。而當選之後呢，縣市議會的祕書處就會安排類似大學生「迎新宿營」之類的活動，幫這些新科議員上課，教他們怎麼問政，怎麼審預算。

迎新活動完了之後呢？如果還是不懂，或是忘記了，該怎麼辦？議會裡面還有一些行政人員，他們可以幫議員解決這類技術問題。這些公務員在議會待很久，甚至比最老的議員還久，新科議員碰到不懂的都可以去問這些人。很多地方議員完全不知道什麼程序問題、權宜問題，那這些議會人員也會想辦法把他教到懂。不然會根本開不成。

這種要懂的枝枝節節還蠻多的，像是怎麼提案啦，提案又該怎麼連署啦，什麼叫一讀，什麼叫二讀，什麼叫三讀，委員會是做什麼的，這些議會人員都會讓議員慢慢學會，所以就算你是個素人，也不用擔心。

王同學：

所以像柯文哲那種素人市長，也會有人教他嗎？

張專員：沒錯！多數縣市長是先有一段政治經驗才能當選，但如果你真的超級素的話，像柯文哲那樣素，這也不要緊，各級政府還是一樣會有祕書處之類的單位，除了幫你處理雜務，也會教你公共行政常識，教你批公文。

大多數素人都不會批改公文，也不太曉得公文的原理，不知道簽、稿、正式發文的區別。所以祕書處會在你就任前後，安排你上一些相關的課程，讓你可以和前任無縫接軌。

王同學：這樣上課就有辦法弄懂所有市政嗎？

張專員：當然不可能馬上懂啦，而且有時候新政府不只首長是素的，局處長也是一堆素的，那整個團隊要上手就需要更長的時間，有時還沒上手，人就已經下臺了咧！

如果要換的人很多，像是換黨執政時，往往會整個小內閣全換掉，那就還會有「交接委員會」之類的專案編組，由一群人來負責規劃整個資訊轉達的過程，這可能會花上一、兩個月都搞不完。

不過一般來講沒這麼正式，往往都是碰到問題時，才會去問前任。其實當選那天晚上哦，現任市長通常就會和新當選的市長電話溝通，除了「恭喜你」這種客套話，也會談些要喬的事。

像是我們應該約個什麼時間見面，直接拿公文出來講啊，有什麼重大的政策要持續推行啊，或什麼東西雖然很小條，但裡頭大有學問的，還有什麼東西是我不敢砍掉，但你可以放心去砍的等等。小內閣人事的安排，前後任也常會有一些私下的意見交換。不只是同黨的會這樣溝通，有時候不同黨也會這樣，甚至是選舉的對手，只要一確認當選或落選，就馬上開始「喬」了。

啊，講到這裡，我才發現我忘了講村里長，補充一下好了。村里長也是選出來的，不要小看他們哦！他們雖然是最基層，小的村落只有幾百人，但大的村里呢，可能有上萬人，和許多鄉鎮一樣大了。

不過里長就沒有自己的「小內閣」了，除非他自己組一個志工團，阿公阿嬤內閣。政府通常會配一個村里幹事給村里長，來協助處理行政業務，這個村里幹事是公務員，所以素人當選里長也一樣不用擔心，什麼事情都可以請教配到他們里的里幹事，他就像是政府派給里長的祕書。

王同學：前面說臺北市長交接會花上很久的時間，那總統呢？應該會更久吧？

張專員：當然囉！現在總統從選上到就職會有四個月，這段時間就是在進行一個大規模的交接工程。不過因為中華民國的歷任總統在當選之前都做過蠻大的官，所以不算是素人，對行政體系已經有相當概念和掌握了，通常很快就能上手。會拖比較久的，還是各種單位的人事任命。

雖然總統會去任命一個行政院長，然後由行政院長來組閣，可是呢，大家也都知道，總統對於各部會的人事都是有最終決定權的。比如說蔡英文一上臺，她是叫林全去當院長，那就是由林全組閣，但誰來當部長，通常還是蔡英文提議，林全只能買單。那些蔡英文沒意見的位子，林全才會自己提一些人去和蔡英文討論。

也就是有這種關係，所以就算林全下臺了，他內閣中的大多數官員還是被賴清德留任，因為那是蔡英文的人嘛！

除了這個內閣之外，總統府也有祕書的編制，可以協助總統推行政務。啊對了，還有一些直屬總統的單位，像是國安會啦，以及內閣中的國防部與外交部，這些都是行政院轄下，卻被視為屬於「總統權」的部分。這些單位的首長和施政方向，就是只看總統意見來安排，和院長較無關。

陳同學：

所以政務官都是總統找來的人嗎？那這些人又是怎麼認識的呢？一樣是派系的人馬或親戚嗎？

張專員：

是有親戚啦，也有自己帶出來的子弟兵，但中央政權的職缺大大小小有上千個耶，總統哪來這麼多親戚，所以大多數的缺，也是透過各派系推薦，或是某些社會賢達保薦的。

講到子弟兵喔，通常不會用子弟兵去當部會首長，而是放在總統身邊當機要。帶進總統府內的這批人，通常是跟他選舉一路上來，天天跟著，所以也是最值得信賴的一批人。

也因為這些幹將都集中在總統府，所以相對來說呢，行政院那邊可能就不會有那麼多親信，因此會有些鞭長莫及，除非你在行政院祕書長那邊放自己人。這又愈扯愈遠，講太多你們也聽不懂，如果你們有機會去中央機關就會懂了。

陳同學：我想問的只是總統是怎麼選內閣的首長啊？還是派系考量嗎？

張專員：這沒有一定，每個總統，甚至每次組閣或內閣改組時的考量都不太一樣。因為部會實在太多了，如果總統希望是專業主導，可能就會找一堆學者，像馬英九就找了一大堆博士。

有時是因為選舉任務，要分配部會資源去助選，就會找民代或地方首長出身的政客來當部會首長。如果是後面這種，那就會有派系考量，不過我想主要還是「實力」考量啦！就是這些人能不能真挺得住部會業務。蔡英文不就曾經抱怨他們民進黨的「一軍」都在立院，讓她找不到適合的部會首長嗎？

雖然學者專家比較懂專業知識，不過政務官主要還是在處理政治問題，要喬啦，要妥協啦，那民代出身的人呢，因為長期在喬，所以比較有「政治智慧」，對利害關係的基本格局有概念，只要加上事務官的輔助，通常表現不會輸給學者出身的官員哦！甚至更加「政通人和」。

王同學：像洪慈庸那樣的素人，是怎麼學著當立委呢？有些立委還是作家耶！還有名嘴之類的。

陳同學：那立委剛選上也會有人教他嗎？和議員一樣嗎？

張專員：有喔！一樣會有人教他們喔！而且幫忙立委的公務員更多。立院的一大堆單位都是為了幫忙立委問政而存在的，這些單位也會教他們問政的基本常識。

我講清楚一點好了。立法院的編制比普通議會大很多，輔助立委的行政人員也更多，他們會教新科立委怎麼開會、怎麼看預算、怎麼立法，甚至還可以幫你寫法案哦！你有一個構想，他們就會幫你寫。

像是你打算立一個鞭刑法，你就可以去問法制人員這法案該怎麼寫，才可以跟現有的法律整合起來。如果你自己寫法案，可能會因為寫得太爛，別的委員不願意幫你連署，或是連討論都不想討論，那你就是做白工。

我個人是覺得啦，立法院在相關的支援體系做得非常好，是個相當有經驗的群體，不只熟議事技術，也很了解該怎麼教新人。因為每年都會有新的立委哦，不是選完才會有新的立委，隨時會有遞補進立院的。像是不分區立委，就經常被拉去入閣，那就會依排名順序遞補。遞補進去的新任不分區，有許多都是素人或新人，也就都要從頭開始教。

我最近就帶過幾位剛從地方議會轉戰立院的，他們有些在地方議會十幾年了，但剛轉戰立院時，還是會有點怕怕的。為什麼呢？你們猜猜？

王同學：因為地方議會都「玩假的」，立院才玩真的嗎？

張專員：這回答算是對一半。這是因為地方議會很少立法，頂多只會制定一些自治條例，這些自治條例無法對抗中央的法律，也只在那個行政區有效力，你地方立法出包，中央也會推翻，所以大家在定自治條例的時候，通常不會很認真。

但在立法院，你要定的就是通行全國的真正法律，加上立院又是媒體關注的焦點，光是提案寫得太爛，就會被記者罵翻。立院很多政治線的老記者，他們總覺得自己比菜鳥委員懂得多，如果你第一次出手就出包，那就會被這群老人瞧不起，他們會一天到晚寫文章罵你。

不過我認為啦，這類挫折與磨練，對成為第一流的民代來講是個必經的過程。你要從掌握基本概念開始，慢慢地進入委員會中的實質討論，到了解黨團協商的戰術，可能要花上兩、三年，所以新手表現不好，其實也不用太過擔心。就算是學經歷都不錯的新科立委，也是要經過一年，體驗過兩個會期的議事，才能進入狀況。

當然也是有很多委員遲遲無法進入狀況啦，那就會被說是什麼立院三寶。不過這些人雖然議事很爛，但處理選民服務通常還是不會太「走鐘」，因為要做好選民服務並不難。

選民服務 遇事分案分層級，處理起來「快易通」

王同學： 對了！講到選民服務，有時候會碰到一些問題，想要找民代幫忙，可是要找誰會比較有用呢？

張專員：你不是大學生嗎？會有什麼問題需要找民代啊？

王同學：現在是沒有什麼需要找民代的，不過之前同學掉手機，報案之後警察好像也沒在找，想說是不是找議員，或是找更大的立委會更有用。

張專員：如果是掉手機的話，應該是找議員，但是我認為哦，因為民代也知道一般民眾不清楚狀況，所以你不論是找什麼民代服務處，只要他們有服務熱忱，都會幫你找到「正確的路」，就是幫你轉介到真正負責處理這一塊的層級去。

不過你們因為要進來黨部實習的關係，我還是講一點基本觀念，你們有了這些觀念之後，就會知道什麼案子該去找誰。

我要先強調的是，依我的經驗，不論學經歷和年紀，普通民眾都沒辦法區分中央民代和地方民代。反正我選你出來，就是要幫我解決問題啊！我認為政治人物要包容這種無知，不應該責怪選民不懂政府組織或權責劃分，因為他們沒必要懂，只要處理事情的人能消化就好。

就像現在很多政府單位也已經改成「一站式」或者是「單一窗口」，你到一個櫃臺就可以處理大多數的申辦項目。過去處理什麼業務，就要到什麼樣的櫃臺，甚至到什麼樣的局處去，那對民眾來說是比較麻煩，許多民眾也常會因為跑錯而被罵，所以才會去找民代來包辦。

既然現在政府已經能單一窗口，那民代的重要性也就下降了，像臺北市議會的選民服務總量，其實是有在下降的哦！但我認為民代也可以學習政府單一窗口的精神啦，因為臺北市政府就算有一九九九這種單一窗口，但有些事情可能是和中央部會有關係的，你一九九九還是不順路，因此民代還是可以承擔起來，就先接案，然後幫選民分案，這也是一種服務嘛！

喔對，接著就是重點了，我要講的概念，就是民眾不懂，但你們要懂的。我們現在的民代，先跳過原住民自治區不講，總共區分成四層，最底層就是所謂的鄉鎮市民代表。

前面提過鄉鎮市這一層只會出現在縣，省轄市就沒有了，鄉鎮市代表會也一樣。這些鄉鎮市民代表，就他的法定職權來說，能監督的事就只是在鄉鎮市公所的業務範圍，但他們畢竟是基層的窗口，很多地方選民有問題，還是會先去找他們，因此他們最常做的事，就是我前面提到的分案和轉介，把案子轉給和他們合作的上級民代。

那再上來一層呢，是所謂的省轄縣市民代，比如說苗栗縣、新竹縣這種縣市議員。這些議員權力就不小囉！有時撈錢也是撈很兇的，一年可以衝到幾千萬。

再高一層，就是臺北市這種六都直轄市的市議員，那更威風了。同級的以前還有省議員，但廢省之後就沒了。直轄市議員雖然高了一級，日常業務倒是和縣議員差不多。

最上一層就是立委啦！過去還有國大代表啦，不過現在只有修憲時才會出現任務型國代。立委的業務，因為今天有安排你們和本黨的鍾委員交換意見，可以那時候直接問他。

這四層級主要的差別呢，就是問政範圍的差別。如果只是一個鄉鎮的民代，比如說我是彰化芳苑鄉的鄉代，那我就沒辦法影響到福興鄉，沒辦法影響到田中鎮，但我可以去找福星、田中認識的鄉代、鎮代來幫忙處理。

一個民代能直接影響的就是選區的業務，但鄉的業務就是非常少嘛，可能只有水溝啦，路燈啦，收垃圾啦，都是一些非常基層的建設，如果要做更大條的建設，像是要開幾條「農路」或產業道路等等，就沒辦法在鄉的層級搞定。

那怎麼辦？就要去拜託縣議員，讓他們從縣政府那邊擠出錢來。縣議員還是搞不定呢？就去找立委，從中央那邊生錢出來。所以鄉代通常會有配合的縣議員和立委，配合久了，就會被說是「派系」，選舉也會互相支持這樣。

所以套用我們前面講的單一窗口概念，不管你是哪一層級的，選民來找你解決問題，你就先接案，再分給對的人處理。所以鄉代表可能什麼選民服務都收，但是自己能解決的很少，就都轉給縣議員去處理，或是轉給立委。同樣的，縣議員也會收到鄉代能處理的水溝案啊，那就往下轉給鄉代。

那如果縣議員收到涉及中央的案子呢？那就轉給配合的立委。立委也會收到清水溝和鋪路這種陳情或選民服務，也一樣都會交下去做。

這裡面就會有個操作上的奧祕了，你們可能不太知道。像國民黨在南部，很久都選不到區域立委嘛！怎麼辦？服務沒人做呀！找民進黨的嗎？這樣選民可能就會被他們撈走了。所以國民黨就會在不分區立委提名一個當地的政客，這樣就依然可以串成服務「一條龍」。如果少了這種服務體系，你很多事喬不出來，選民覺得你不夠力，下次就改去找那邊的民進黨幫忙，那之後你不就更不用混了？

像等一下你們會碰到的鍾委員，他的那一席不分區也是類似的含意啊，因為本黨在苗栗沒有立委，所以就找原來是議員的他來當不分區，讓他的服務項目和範圍都升級，接下來才有希望勝選。

有些更小的黨，像時代力量，雖然他們的不分區也有這種安排，但因為人更少，所以就會有委員要跨選區服務了。可是這樣做的話，你臺中的委員過去幫雲林的忙，就比較難累積出在地的政治能量。

王同學：

那有沒有比較簡單的區分標準，讓普通人也能馬上就知道這個案子要找誰呢？像是馬路不平，是要找臺北市議員嗎？

張專員：

對，馬路不平就找那邊的議員。但什麼案子要去找議員，什麼案子要找立委，對一般民眾來講就真的是大哉問了，我一時也想不出什麼簡單的分別原理。可能還是要真的接觸過各級政府業務吧！

不過我要強調，有時選民服務一來，我們自己人也會分錯，像是「當兵一直排不到我，到底要去找誰？」「我抽幼稚園抽不到，要去找立委嗎？還是找縣市議員？」這種問題就相對模糊，因為許多層級可能都有相關。像國稅局與稅捐處的業務，就算是老議員也可能會搞錯。

啊……當然，最簡單的方法，就是你這個案子如果已經收到公文了，那就看發文單位。如果是臺北市政府各單位發的，去找臺北市議員會比較有效，如果是經濟部、文化部發的，當然就是找立委比較有效。

對啦，一般民眾可能也不見得是收到公文，而是直接碰到狀況，那不要緊，另外一種分辨的方式，就是看事情的性質。怎麼說呢？

通常來說，愈日常、愈必然的，人人都會碰到的事，就是縣市政府處理，比較天高皇帝遠的，比較有選擇性的，就是國家管。像國民教育中的中小學，就是地方政府；高中大學，通常就是國家。但也有例外，像臺北市政府旗下也有大學哦！但如果要粗分業務，上面的說法基本可靠。

所以真正難分的是一個業務切兩半的，像兵役。舉例來講哦！假設我的小孩子去當兵了，在軍隊裡面受到不公平的對待，這應該找誰申訴呢？第一，你可以從軍隊自己的管道去申訴，洪仲丘案之後，這種申訴通常都有管理造冊，理論上是會有效的。其次就是上法院，不爽就去告他啦！

如果你想找民意代表的話，縣市議員就不夠力了，因為縣市議員只能去監督兵役處，但是兵役處他只是負責把人送去當兵啊！還有負責處理退伍回來之後的後備召集的協辦部分，所以你找他沒有用。

在當兵的軍人，管理單位是國防部，所以這種案子你可以找地方議員，他會告訴你因為是國防部的關係，所以要再找幾個跟我們比較熟的立委來處理。

對了，講到國防，這種業務找的立委就不見得是同選區的，因為會有所謂的軍系立委，或是長期關注軍事議題的立委，他常留在立院的國防外交委員會，國防部就比較會聽他的話來辦事。

另外，像你剛才有問過馬路不平嘛，其實這也有分耶！雖然臺北大多數的路是議員可以管的，可是鄉下還是有省道和國道，這就是國家管的。有開車經驗的都會知道，高速公路是臺灣最平的馬路。或許就因為它是中央管的，所以才會這麼平哦，哈哈！

問政生態　立院變秀場，我到底看了什麼？

陳同學：我可以問岔題的東西嗎？

張專員：可以呀！反正你們要等的主角還沒出來，我就先擋著囉！

陳同學：就是喔，我剛剛想到，之前看電視有看到民代唱黃梅調的，那是在做什麼呀？

王同學●●

還有 cosplay 什麼美少女戰士的。

陳同學●●

對對，為什麼要這樣做呀？和選民服務有關嗎？好像也不是在立法？

張專員●●

哈哈，對，真的有，這種的很多。但是唱黃梅調，還有扮裝成美少女戰士的，都是議員，不是立委，他們不是在立法，是在質詢時這樣做的。

那他們為什麼要這樣搞呢？自從臺灣媒體開放以來，在議場作秀就是提升知名度的重要方式，不管是最早期的在立院打架，或者是拿很大一片的圖文板子當道具來問政，或是加一些表演的橋段，都是希望媒體能多拍他們。

為什麼呢？縣市議會大概有五十個上下的議員，他們總質詢要好幾天，甚至長達一個禮拜，大多數的問政都非常無聊，記者們會嘗試在這之中想辦法挑出幾則能做大的內容，也就是讓他能做出一節大概三到五分鐘的電視新聞，或者是能拍幾張照片放在報紙市政版或是地方新聞版。一方面是讓新聞不至於太枯燥，也可以讓議員曝光，讓選民覺得他有在做事。

不過這樣秀的人很多，但一整天下來，被選中的人可能只有兩、三個，為了搶鎂光燈，為了搶鏡頭，議員們會出奇制勝。所以啊，欸，至少你知道有個人在唱黃梅調，其實還有更多的人也在唱歌，卻完全沒有任何新聞曝光的，完全是白唱，像個傻子一樣。至少黃梅調還有人笑。

所以議員們之所以會這樣惡搞，跟媒體生態有直接的關係，也跟我們人類面對資訊時的直覺反應有關。就算我們原本是很認真看待政治的，但碰到這種很蠢的事件，還是會注意一下。因為我們人總是會被新奇、好笑、愚蠢的事情吸引。

另一種可能，是當敵對政黨的人在這樣秀的時候，你更會去注意，來強化心中對他們的批判和反對。像那個問柯文哲肚臍英文怎麼唸的，就是被柯文哲的粉絲傳播放大的。但因為你會看，收視率就會變高，記者和作秀的人並不會刻意去區分這是敵對收視或友善收視，只要看到收視飆高，知名度上升，就會一直這樣搞下去。

就像你們年輕人現在不看電視新聞，主要是看 youtube，這些 youtube 影片之所以能抓住你的目光，都是因為它新奇、好笑、愚蠢、暴力啊，你也不見得是因為認同才看的，有時是因為否定才看，所以公關業界常說，沒有好或壞的點擊，只有很多或很少的點擊。

有些人會認為應該把這些作秀的用選票淘汰掉，之後大家就不敢這樣惡搞了。可是我必須反問一點，如果議員不作秀的話，你會知道他的存在嗎？

他如果認真問政，媒體會報嗎？通常不會，因為很無聊啊。就算媒體報了，你會注意看嗎？雖然他問政非常認真詳細，也是你很關心的議題，但看完整個報導，你通常還是不會注意到問的人是誰，因為你注意的是議題而不是人。所以認真的政治人物可能不會在新聞影片中出現，頂多是以文字帶到名字的方式出現在新聞內容裡面。

更大的問題是，如果你問政問得很深入，就算記者想辦法簡化了，多數民眾也是看不懂。為什麼會看不懂呢？因為弊案或失敗政策，又或是一些有問題的預算，這些都是有意為惡的公務員拚了老命把問題隱藏在文字和數字之中，因此要把問題抓出來，本來就不會是件簡單的事，必須繞來繞去，耗費許多心思。這過程很難簡單說明，民眾如果看不懂，通常就會直接跳過。

那種像狗仔隊拍到的，可以「一刀斃命」，能一拳打爆人家的弊案，其實非常罕見。老實說，大多數開記者會打弊案的，也是作秀成分居多，不是真的弊案，只是他喊很大聲，讓你誤以為那是弊案而已。

所以啊，問題到頭來還是回歸「什麼樣的選民就會選出什麼樣的民意代表」。他會有這麼誇張的表現，就是因為大家愛看，看了之後又愛投給他們。

那該怎麼解決呢？呼籲不要投給這種人嗎？這種想法太天真，太理想主義了。比較中間的解決方案，是請你在所有作秀的人裡面挑選一個比較有在問政的傢伙吧，就是在爛雞蛋裡面挑一顆稍微好一點的。這樣大家作秀之餘，多少也會認真問一些有料的東西，不是只是秀而已。

王同學●●其實我覺得作秀還好耶，問題比較大的是來貪污的。我聽說臺灣很多基層的政客都是黑金，真的是這樣嗎？有些好像還漂白過，如果你不去查，根本不會知道。

張專員●●大多數民眾都討厭黑金，不過要回答這問題，得先看你對黑金的定義是什麼。我個人認為要上市上櫃企業家族才算是「金」，真正混過黑道的才算是「黑」。

那依這標準，過去民代的確是蠻多黑金的。二十年前，可能有些縣議會超過一半議員是黑金，不過現在好很多了，符合我定義的黑金民代已經不多，像現在立法院一百一十三席，黑金大概只有十幾席吧！

有錢的民代可能比較多啦，因為選舉要錢，「黑」的會少很多。因為臺灣民主不斷在進步，他們如果本來是黑的，也會想辦法漂白，說是「改邪歸正」，「給更生人一個機會」啦，不然在大的單一選區很難選贏，不分區也比較不會提名這種人。

所以形象比較黑金的，通常還是最基層的民意代表，因為那只要幾千票就可以選到。不過我還是要強調同一個觀念，就是你可能會覺得某些民意代表非常粗俗，甚至根本就是正牌黑道，但重點還是在於「什麼樣的選民就會選出什麼樣的民意代表」。他們一定是覺得這個議員有代表性嘛，所以才會選他。所以如果有議員形象不佳，那通常就代表當地選民的實際生態。

王同學：

雖然這種人愈來愈少，但還是會造成施政上的問題吧？像是用權力來保護自己的生意，或是避免被抓之類的。而且這些人知道怎麼立法嗎？

張專員

你講的狀況確實存在，他們之所以要選，就是要用權力來賺錢，或是避免被抓，因為黑道成為議員，警察也比較不會動他們。但話說回來，事情也不是這麼簡單二分，這該怎麼說呢？

就講「黑」的好了。我想你們都是很好學校的大學生，平常沒機會接觸到這些「不三不四」的人，可能會有一點偏見。他們雖然素質很差，但選上之後身邊都是讀書人、公務員，多少會想要穿西裝擺點派頭，也會想要認真問政啦——至少偶爾會認真一下。

王同學

這些黑金議員真的會問政嗎？他們會問些什麼啊？

張專員：

就是有個派頭，其實多半上臺也是亂問啦！但有上臺問，我覺得已經值得鼓勵了，因為不問政的當然還是很多，有很多地方議會的議員就是從來不上質詢臺的。這些人是專心做選民服務的類型，我想這樣也好，有幫到民眾，對法治的傷害也比較小。因為他們本來處理事情可能是用暴力，現在處理事情時至少是用國家法律。

講到地方黑道議員問政喔，等一下你們問我們地方黨部的何主委會更詳細，不過我想他應該也會比較給黑道議員面子啦！畢竟他是基層出來的，不太會直接批評這點。

就我個人的看法，縣市議員的學經歷會比中央民代又再更次一級。如果你覺得某個地方的中央民代素質很差的話，那同一個選區地方民代的素質就更爛，比大學生還沒常識的一堆，很多是家族世襲的政二代、政三代。

這種黑道議員多半都蠻「直」的啦，就真的像你隔壁的阿伯或阿婆一樣，講話比較大聲，又會熱情幫朋友處理事情，所以他才能當選。但因為沒什麼知識水準，就算議會有人教，這種人的問政也都非常粗淺，很多是感受類的。

像是「我覺得這個花圃不漂亮啦！處長你要重蓋！」「局長你會不會講臺語？不會講喔！我覺得這很不尊重我們這些比較鄉土的議員捏！」之類的。就算是要問政，這種問法也很難問滿質詢的三、五分鐘，問到最後當然就是很「乾」嘛，他很尷尬，大家也無聊，還不如唱黃梅調。

如果以後你們去地方黨部，有議事錄的話，你們可以去翻看，會發現他們的問政連寫成字都看不太懂。因此他們要衝出一些表現的話，無疑還是要回到選民服務，能帶政策利多給地方的選民。

雖然這感覺是分贓，實際也是分贓，但就是存在這種利益共生體系，你不做，下次就落選，換願意這樣分的人來當。所以就算議員不想或懶得這樣搞，最後還是會回頭搞這種鳥事，因為還是要那三、五千票嘛。

二代參政　「正妹加三成」不是沒有根據的說法

王同學：剛剛有講到政二代，我看現在好像愈來愈多了，是不是我們這種沒關係沒背景的人，就很難在政治圈出頭呢？

張專員：哈哈，還好你這個問題是問我，因為你們今天要見面的三個長官，就有兩個打算要培養小孩接班的，他們大概不會給你們太負面的答案啦！

我想這個問題要從大格局來講起。我們可以看到二〇一八年的選舉出現大量的政二代，打著前任或現任政治人物的旗號出來參選，也有人諷刺說這是「複製人入侵」。

這種政治的階級複製現象不是現在才有，可是近年好像變得特別嚴重。為什麼呢？我認為這是民主政治發展到一定程度都會有的現象，有些家族就是把政治當家族事業來做，這在日本和美國也很常見。

雖然有柯文哲這個素人參選的代表，可是除了柯文哲，其他的素人幾乎都死光光了，愈高層級的選舉就愈選不贏。因此我們政治圈的人，就算自己是政治世家出來的，也開始反思是不是該保障素人參選的空間呢？就像婦女保障名額一樣，也要有素人保障名額。

這問題也可以反過來思考，就是政二代到底是不是真的有選舉或執政上的優勢？會不會明明就是個廢物，是靠爸靠媽出來亂的？

我個人認為政二代的確有優勢，最大的優勢是人際關係，可是我要強調，這關係並不是能直接變現成下一代的政治資源。現代人的人際關係跟過往有很大的差別，當代社會不是封建體系，不是直接可以子承父業，所以小孩能不能捧起老爸的政治衣缽，還是要看你個人的品行，看你跟樁腳的互動，如果你表現太差，樁腳不會買單的。

第二種優勢，是這些政二代從小在政治環境中成長，的確對政治實務會比較有概念。很多素人抱持著各式各樣的理念來投入政治工作，可是他對於政治實務毫無概念，不太清楚國家運作的原理，也不太清楚政治協商的現實。他們就是一心希望朝自己理想的政治藍圖來發展，卻沒有考慮到這些政策的可行性，這將會造成意料之外的悲劇。

像是很多理想主義者會主張他不跑任何婚喪喜慶，甚至不屑做任何選民服務，可是當你的支持者需要你幫忙，你也的確能幫忙時，為什麼要去拒絕他呢？許多選民服務並不是違法的關說，是法律所允許，甚至是大力支持的。

還有一種政二代的優勢，是政治外行人比較少注意到的，就是政二代一定會比政一代年輕嘛！因此外型上好看，學歷會高一點。這些條件上的優勢，會促成上一代讓位給下一代，因為如果別的家族都推正妹型男，你這家都還是老頭子、老媽子，選起來就會很辛苦。

長得好看真的是有票。我們做選舉的人，都知道「正妹加三成」這說法，但實際上喔，不只三成，有時還會加到一倍以上。不過也有老一代的打死不退啦！他們就是用修圖的，修成年輕二十歲，也算是虛擬政二代，哈哈。不過原則上如果是比臉，素人也能有相同的優勢，也比較容易追上政二代。

整體來看，我認為政二代還是明顯有利，因為選舉如果是拚到最後決一死戰，勝出者往往還是靠扎實的人際關係，還有人際關係帶出來的金脈。所以解決之道還是在提名時就給素人保障名額，或是給他們民調加權。民進黨是有新人和年輕人的加成，但政二代也可能受惠，不是真正針對素人。本黨嘛，哈哈，還有很大的努力空間啦！

不過如果有這種素人保障名額，也會有認定上的問題，因為有時政二代不是直系血親，是叫姪女參選的。有時就算他是真正的政二代，可是他和老爸決裂，這又要怎麼算？有時是一個家族搞分裂，提出兩個第二代候選人，那到底誰算政二代，誰不算呢？如果真的要提出所謂的素人保障名額的話，這都是應該考量的部分，也代表這個議題沒那麼簡單。

陳同學：

剛剛說正妹可以加三成，那麼型男也有三成嗎？我看現在很多參選人是走這種型男風，造型都是特別設計的。

張專員：

這種就是過去講的師奶殺手型，是要騙老一輩的婦女票，但比起正妹來講，效果會弱一點。這並不只是穿個衣服秀一下而已，大家的造型都有設計理念，連老一輩的政治人物也是喔！像游錫堃因為被人家說是「五府千歲」，太老了，就刻意穿窄版的牛仔褲，活動都是爬山之類的。

所以這是整組安排好的形象設計，把政治人物設計成型男或者正妹，通常都是比較陽光、正面，符合民眾的主流價值觀。就算長相普普，也會告訴你他有幸福美滿的家庭。那種抱著小孩的照片你們一定看過嘛！

不過這樣做是有風險的喔！如果你是走陽光正面風格的，但這形象跟你本人差很多的話，就有可能隨時會「爆炸」。

我們在政治圈混那麼久，看過的出事案例太多了，你愈想走正面風格，就愈容易被這種形象傷害，一出負面新聞，選票就全部跑光。所以如果一個競選總部是我在帶，不管候選人外在條件有多好，我一定會反對太過正面的形象設計。為什麼？

政治人物也是人，都有個性上的優缺點，也都會有人生黑暗面。他會有不能見人的部分，你在操作上就不能只呈現陽光，也要有陰影；如果只有正面部分，他看起來會愈來愈不像是人，而像是神。你造神造得太嚴重，到最後不用別人揭發，神自己也會演不下去。

人絕對不會是神，就算是你覺得很神的政治人物，那些賴神、柯神，也都沒什麼好神的，頂多就是判斷上比你厲害一點點。所以與其要人扮神，我還寧願候選人要蠢去 cosplay 美少女戰士咧！

這種造神只會愈來愈容易被拆穿。因為你出去走在街上，到處都是鏡頭，不是牆上的攝影機，就是路人的手機，車子還有行車記錄器，大家都可能拍到你，你一個狀況不對勁，馬上會被放大處理。

所以個性派的政治人物現在很受歡迎，因為他「真」，就算出包，也會被看成是真性情。那種原來很陽光的人呢，只要被拍到亂丟垃圾就毀了。

過往之所以會有一堆「陽光大男孩」的形象，是因為鏡頭數量有限，媒體版面有限，電視新聞的時間也有限，所以你只要在媒體拍的時候好好演出，就可以維持形象。

可是《蘋果日報》、《壹週刊》這類型的媒體入侵臺灣，加上新媒體時代來臨，版面限制沒了，大家都愛做、愛看負面新聞，你要當偽君子，那爆掉的機率太高，不如選擇其他更安全、更有票的路線。

我覺得最慘的是那些一直演這種形象的人，現在也不能突然改變風格，就只能硬著頭皮演下去。所以我會勸要投入政治圈、打算在第一線選舉的人，你就做你自己，想辦法慢慢往選民能接受的方向改變自己，而不是用演的。

你會有痛苦悲傷，你會有墮落的時候，你會講錯話，你要像一個真人。柯文哲真的是個不錯的例子，他剛出來時，很多民進黨的黨工仍希望他回歸傳統路線，講一些政治正確的話，但柯文哲做不到，演也演不像，他乾脆就做自己，沒想到反而大受歡迎，這也使得他屢屢逃過危機。他的成功也讓許多政客開始思考是不是一定要演。別的不說，光是這一點，我覺得就是比較值得肯定的地方啦！

改變視野　換了位子不換腦袋可以嗎？

王同學：不過也是有很多人說柯文哲選上之後就改變了，也會有傳統政治的作法，不知道您怎麼看呢？

張專員 ●●

問得好，等一下你們問其他長官的時候，也要用這種角度去問，就可以學到很多東西。

我一樣從通案來看，先不講柯文哲這個個案。我們經常會罵政客是「換了位子換腦袋」，選前你原來是我的好兄弟，當選之後就不把我當一回事了，我講的話你都聽不懂了，或者原來是搞社會運動的，一入府、一入閣了之後，就變成了保守勢力、右派利益的捍衛者。

為什麼會這樣？或者我們應該問的是，為什麼換了位子就不應該換腦袋呢？依我個人一路換位子的經驗，我覺得如果換了位子卻沒換腦袋，其實蠻危險的。

一個人的腦，就是他的思維模式，會牽涉到兩個層面，第一個是基本邏輯，第二個就是現有知識。邏輯是技術，知識是內容，當然你可以學會更多、更新、更好的技術，但那也是在合於邏輯的狀況中增加，所以換了位子，邏輯也不應該改變。

會改變的是內容部分。你擁有的知識內容，和你個人的視野有關，你今天做一個尋常百姓，看到的就是百姓的視野，可是政治人物坐在比較高的位子，可以看得更高、更遠、更多、更廣，他可以看見常人所看不到的部分，也可以看到常人忽略的部分。

民眾可能因為生活目標不同，而不太關心其他人的需求，可是政治人物非看不可，因為他有責任兼顧不同民眾的想法。因為看得多、看得廣，政治人物就會陷入兩難，甚至是三難、四難、五難。

他要在各種民眾的目標中去做平衡，去當公道伯，就算他是你選出來的，他也不能只代表你的利益，也不可能只代表你的利益，如果他這樣做，那反而是錯的。

像是地方的小議員，也是要兩、三千票起跳，他就不只是代表他最好的那五十個朋友，他要盡可能兼顧兩、三千人的想法，而這些人的想法或許是矛盾的，所以他可能經常要站在中立的角色，來嘗試協調各方。

所以，選民可能會覺得他好像不是當初認識的那個傢伙，他好像改變了，可是他不改變的話，就只會偏向其中一方，甚至是最自私自利的方向，這樣好嗎？

當然有時候換位子換腦袋是指壞的方向，像是本來不搞錢的也開始搞錢了，這就是不好的發展方向了，的確應該罵。

還有另外一種是碰到遊說者、政治公關業者，被講到改變心意的。這種狀況就比較複雜，可能是好的改變，也可能是壞的改變。就像你們應該知道，有些政治人物原來是搞社會運動的，選上之後，卻突然變得很右派，左派變右派，自由派變保守派，為什麼呢？

視野改變會讓人變得中立，卻不見得會砍掉重練，我認為如果一個政客出現這種價值觀逆轉，那應該是有人在遊說他，他被講到改變心意了。這種專門負責遊說的人在政治圈還不少，雖然在臺灣不是一個明確的行業，但確實有一批人是以此維生的。

他們接了利益團體的委託後，就會去找政治人物談相關法案，政治人物被他們天天騷擾，久了也會改變心意。假設我本來是個社會運動者，但我跑去做官之後，就沒辦法跟原來那些朋友天天泡在一起，那我會和誰天天泡在一起呢？單位裡的公務員、監督你的民意代表，還有就是大量的說客、公關公司。

你身邊的「朋友」換了一批人，你當然也就會被改變。這就是現在講的「同溫層」嘛！就算不當他們是朋友，也會因為天天被這些傢伙煩，就覺得那是種真實的「民意」，必須要往那一個方向移動，不然就會「很麻煩」。所以一來一往之下，一般基層民眾的意見聽不到，說客的聲音卻一直在耳朵邊圍繞，他能不改變嗎？

所以有些政治人物過得不太快樂，甚至很憂鬱，他想做的事，沒人會來幫他，總是在做一些別人要他做的事，到最後都開始懷疑自我了。

王同學：

所以這種改變，不見得是有收什麼好處嗎？

張專員：現在收錢抓很緊耶，哪有這麼容易收。但是人家來喬的，通常還是會帶一點利多給你啦，有時會答應選舉時給你政治獻金，有時是答應之後會幫你「後援」一下，但多半都是空口說白話，沒個準。政治人物通常就當交個朋友，不要結怨就好，錢什麼的，不太敢想啦！

陳同學：現在政治人物收錢的話很容易被關對嗎？以前不是常會說什麼「當選過關，落選被關」？

張專員：「當選過關，落選被關」不是這個意思啦！你真的亂收錢，廠商一捅你，你就死了，因為給錢的廠商判很輕，但收錢的官員會判很重的。現在科技發達，許多案子都有明確罪證，你很難逃得過偵辦。

至於你講的「當選過關，落選被關」，是選舉的常見口號。候選人會喊這個，意思就是他被政治迫害，如果這次沒當選，就會被抓去關了。最古早的時候，是威權時代白色恐怖會亂抓，後來一些貪污被抓的也這樣喊，就變得有點浮濫。

你們這種年紀，應該不太有機會聽到這種喊法了啊，這大概是十幾、二十年前比較流行，那時選舉的風格一堆是「哭喊派」的，自己哭之外，還會找妻女出來哭，什麼「救救我爸爸」的一大堆。但因為這樣喊的太多了，到最後已經沒啥作用，現在就很少這樣喊了。

會有這種口號，是因為議會在開議的時候，會有「保護傘」，會期中的民代非經該會同意，是不可以逮捕的。但不開議的期間，還是可以抓啊，所以不是當選就無敵，而且如果你是選地方首長，當選之後也沒保護傘，只有總統是真正的「金身」，除了內亂外患，什麼都動不了他。

我突然想到，這和前面講的換位子換腦袋可以串起來。我認識一些人喔，是反過來，他是當選被關的。如果他落選，現在人應該還好好的，但就是選上後走上了不歸路，開始收錢亂搞，然後就被抓去關。這種換位子換腦袋的，就是該死啊。

我曾經幫朋友處理過一個案子，那老闆拜託我打聽某個年輕政務官，說這官一直擋他的建案，是不是要收錢，我就去問和那政務官同一派系的朋友，說這傢伙是認真執法，還是想收錢？結果傳回來的消息，是這人過去很正派啊，應該就是依法辦理吧，所以我就轉告那老闆說，你們屁股擦乾淨一點，慢慢申請吧。

結果這話才講完沒一個月，那政務官就因為其他案子收錢而被抓了。我和那老闆當然嚇一跳，但最驚訝的還是那個朋友，因為他和政務官認識多年，沒想到他會一上臺就「壞掉」。真的是很感嘆！

不過我還是要強調，現在這麼明目張膽貪污的狀況真的非常少見，愈都市化的地區愈少見，為什麼？就科技進步嘛，什麼都可能被錄下來，科學證據一堆。

我知道的貪污案，項目也是非常小、非常邊緣，好像是隧道內的燈泡。是隧道內的燈泡喔！他們只能去找這麼邊陲的案子貪污，這也代表整個防治系統已經做得很好。

但我不否認在鄉下的縣議會還是有很多人在上下其手，收取回扣。這和地方檢調的熱血程度有直接關係，所以臺灣不只是需要政治改革，也需要司法改革，要有更透明的機制，或者是更多公民運動者的關注。

啊，你們要見的第一位長官出來囉！這位就是我們的何主委。來！何老大！你的生意來囉！不要跑！這是你要負責處理的「選民」哦！

第二堂

沒聽過海哭的聲音，別說你懂地方生態！

——地方政治

張專員：我們何老大可是從里長一路做到市黨部主委和黨的中常委哦！是真正草根派的人物啦！有什麼關於地方政治的問題，都可以問他！什麼八卦他都可以爆料給你們知道！

何主委：我哪有什麼八卦！我就是鄉下的黑金議員啊！哈哈！還是你們專業啦！

張專員：我們哪有主委專業！現在是主委的時間，就給你上課了！這張表上說至少要講一個小時喔！

何主委：要講這麼久喔！我們這種沒讀過書的是能講什麼啦！

張專員：啊就介紹地方政治呀！

何主委：人家平常都是聽大教授在上課，突然要聽我這種沒讀書的土包子講話，聽不下去啦！

張專員：講基本概念就好了啦！我剛才都在講民代，主委就補充地方政府好了，就一般人比較不知道的部分。

中央地方　同人不同命，同步不同調

何主委：一般人比較不知道的喔？我是覺得喔，大多數的人都不太清楚中央政府和地方政府的差異啦。但這個蠻重要的。

中央政府一定是地方政府的高階主管機關，也就是說，每個地方政府的局處，除了要聽縣長的指示之外，還會向上對應到一個中央政府的部會，所以他們會有兩個老闆。

像勞工局。各縣市有勞工局，中央會有勞動部，那勞動部就會去監察這些地方勞工單位，看他們有沒有認真執法。所以這很妙哦！有時候縣長會叫勞工局要放水，不要去勞動檢查，但勞動部會下來盯，地方的勞工局就兩面不是人，很難做。

那最基層的會比較怕誰呢？原則上，縣長就在身邊嘛！你的勞工局長又是他任命的，所以不得不低頭，局長一定會聽縣長的話。可是下面的公務員呢？他們就算換縣長、局長，也還是會一直做下去，所以這些公務員真正會怕的，是比較了解狀況、會和他們一輩子糾纏的勞動部。

因此各地的勞工局雖然會聽縣長的話，不去稽查某些違反勞動法規的廠商，但勞動部下「天條」，現在就要你去抄某人的家，要你給我立刻送報告上來，這些基層公務員還是非做不可。

還有另外一個不錯的例子是警察局，很多人誤以為縣市長可以指揮縣市警局，但是實質上警察體系的升遷任用都是由中央的警政署決定的，因此縣長對於縣警局的影響力很薄弱，他也沒辦法隨意開除一個縣警局局長。

當然縣長看局長不爽，還是可以刁難他，要中央送一個新的人來，但這樣會打壞自己和警界的關係，最後麻煩的還是自己。因為你們也知道嘛，警察都會有黑白兩道的關係，他們故意要弄你，你政治人物承擔不起，不如大家好好相處。

所以就可以轉頭看看臺北市了，很多人誤以為柯文哲這麼強勢，應該也能決定臺北市警局長，甚至臺北市每一個分局長的人選，但實質上他就是沒有辦法，至少沒辦法完全照自己的喜好走，還是由中央的警政署來做決定，他們送名單去給柯文哲，柯文哲只能在一定名單中思考。

因為柯文哲並沒有局長和分局長的生殺大權，也就不太能影響警察局長，更別說是命令了，他只能用溝通的方式來和警察講道理，希望大家能夠彼此配合、相互幫忙。

所以喔，大多數人經常會誤解地方政府官員好像有很大的權力，可以橫行鄉里。其實沒有，他們就算能決定自己小內閣的局處首長，但各局處底下也都是老公務員啊，你拿他們有什麼辦法？還是要多溝通啦！

有時你派了一個局長下去，這局長人太好，還被底下的公務員吃得死死的，這就變我們講的「獨立局」、「自走砲」，甚至完全脫離縣政府掌握。

如果公務單位原本自成一個體系，那就是天生的「獨立局」、「自走砲」，像是警政、消防，還有兵役處，那種處長一堆將軍耶！還有教育體系，就各級學校，他們通常也不太會聽縣長的，反正他們升遷也不靠你，預算你也不可能不撥。

所以看來看去，地方首長能施力的部分其實不多，他們通常還是要跟各單位公務員進行某種政治交換，你給我一點方便，我給你一點方便，施政上才比較有可能動起來。

因此講說什麼地方政治改革啦，好像縣長換掉，議長換掉，這個縣市就能活起來，我是覺得很難啦！不切實際。不如從中央做起。那要怎麼做？

就像現在，我們常講說苗栗縣、花蓮縣、新竹縣政府，都算是很窮，也很保守，甚至做得很「誇張」。但中央可以去管，可以用各主管機關去指導他們底下的各局處嘛，要求他們依法行政，要求達到某一些標準。還有就是用預算去卡囉，像苗栗縣因為搞到快破產，現在就不得不聽中央的話，因為中央不疏困，你們大家就都沒得混。

過去民進黨有一招選舉的方法，就是用地方去包圍中央，從地方政權一路拿到中央政權。我認為用培養人才的角度來看，這樣是對的，但就真正的政治權力，或是要推動改革來說，這樣做的速度會比較慢。

我講清楚一點。你帶一個新政黨，可以先拿下一個縣，培養新一批政治人才，讓他們當局處長，慢慢學行政經驗，再變成中央部會首長，甚至成為行政院院長、總統，這樣子的培養路線是可行的，但是你不太可能拿下一個地方的小自治體，就等同宣布獨立一樣，能搞出一套和其他地方全然不同的發展方向。

我再舉例喔！像是我在桃園市，能不能以我市長身分，要求市內的國小全部都改用英語授課？

就算你有這個想法，市民也支持，但你也沒這個錢來推；就算你有這個錢，你可能也沒這個師資。因為這不在中央的規劃內嘛！他沒有編預算，也沒有培養師資，你是要怎麼搞呢？而且他們還會用法條來壓你，要你還是用國語來教。

所以我認為如果你有改革政治的熱血，還是要從中央立法的角度來衝。地方政治是一個很好磨練自我的地方，但很多人磨一磨，就什麼理想都不見了，每天在那邊混，實在很不好。

張專員：主委你這樣講，小朋友就不想去你地方黨部了啦！

何主委：我這是良心的建議呀！我們不能本位主義啦！當然你們要來地方，來做改革，我們還是會重用，只是怕你們來了之後發現空間不大，或是要做很久，心態上沒辦法調適啦！還是你們有什麼問題？我回答問題會比較能講哦！

議員職掌 斯斯有兩種，議員也有兩種

王同學：主委您好，我姓王。我想問的是，剛剛張專員說民代有四個層級的差別，其中有縣議員和直轄市議員，是不同層級的，也有說這兩種議員做的事其實差不多。我

想問這兩種議員平常都在做什麼呢？如果說差別不大，為什麼要分兩級呢？

何主委：你問得很好。就地方制度法來講，這兩種議員的差異很大，屬於不同層級，不過就問政和選民服務來說，我也覺得差別不是很大，立法的部分很少。

直轄市議員的影響力會比較大，這是因為直轄市的預算通常比較多，能管到的單位也比較多。直轄市可以管到高中，像臺北市有臺北市立建國中學嘛，臺北這種老直轄市境內的高中就多半是直轄市政府管的。那市議員要問高中的事情，當然就問得到囉。

但縣比較窮，除了那種完全中學升上去的高中還是縣來管，其他縣境內的高中多數是教育部管的，因為廢省了，本來是省立，現在就變國立。像苗栗的苑裡就有兩所苑裡高中，一所是國立的苑裡高中，一所是縣立的苑裡高中，縣議員就只問得到縣立的，問不到國立的，頂多也是管校外水溝啦，關切他們有沒有違建。

臺北市還有大學耶，就臺北市立大學，當然也有國立的臺北大學，不過市議員也管得到大學，當然是很威風啦！

所以說，地方議員的權力大小，完全是看這個縣擁有的資源。講白點，就是錢夠不夠多啦！但臺灣本島的縣市，只要你聽到還是叫「縣」的，就都非常窮，都要靠中央補貼。相對有錢的縣是金門、馬祖，因為他們有酒廠，人口又少；其他的縣都是虧空的，舉債是愈舉愈高。

資源少，縣政府能做的事就不多；縣政府弱，議員去逼他們也沒用，所以選民服務做來做去，都是差不多的事情，頂多就是關說違建，少開一點罰單啦。有些縣市還沒有違建問題咧，因為他們連拆違建的預算都沒有，你看有多誇張。

我想到一件事，過去很多選民服務，是要把小朋友安插到好一點的學校或好一點的班級，但現在都少子化了，想讀什麼就讀什麼，地方上也沒這種案子啦！所以我覺得議員是愈來愈沒用了，愈做愈小。

王同學：議員不能立法或審預算嗎？

何主委：議員可以立法！但只能立地方的自治條例，這個沒什麼用，而且還蠻麻煩的，大家都沒有什麼經驗，所以會耗很久。

像我曾經打算提案，要立法讓市內的中小學附近不能增設加油站，所以我就在議會提這個自治條例。而我參考的法案就是電玩的規應，因為原本就有限制電玩店不能太靠近中小學。我要去立這個條例的時候呢，就碰到非常多的困擾，主要是技術性的障礙。

除了業者一定會反對之外，另一個問題是我寫的法案有些條文會對抗到中央的法令，那就會自然失效。因為我不是學法出身的，所以我不清楚這點，也是縣府法制單位來跟我講，我才發現有問題。所以修來改去，花很了多時間，其他議員都覺得很煩，最後也沒通過，就是白忙一場。

還有審預算喔，這個大家通常也不會認真審啦！議員是有監督預算之責，可是大部分議員也看不懂預算書和結算，他們沒有這方面的知識，所以也是把看不順眼的東西砍掉而已。

等一下可以問鍾委員，他們苗栗縣連續不知道幾年都是一毛沒砍耶，有夠誇張。大部分議員都是透過審預算的過程，來喬一些預算給自己指定的項目，所以也就隨隨便便，不是真的在幫人民的荷包把關。

講到大家分預算，就比較沒什麼政黨政治，就是你切一塊，我切一塊，大家都有飯吃，按照各自實力去分配預算。

陳同學：不好意思我打岔一下哦，我看電視，在審預算的時候，不是都是靠政黨在護航的嗎？

何主委：

唔，那是立法院啦，立法院才有政黨，大多數的地方政壇都會……啊這個……跟都市人想的不太一樣，除了臺北之外，都是沒有什麼政黨政治的，原則上就是派系政治，派系有點像政黨，但沒有什麼理念，就是人際關係的大雜燴。

所以大家討論事情，像是審預算這種的，就不太看政黨和統獨立場，主要都是在看關係，看你和我熟不熟啊，你跟官員好不好啊，縣長有沒有先來打聲招呼等等。這裡頭有非常多的利益交換，講不完的啦！

不過認真分析，就會發現也沒有很邪惡啦，他們喬的東西都很單調，主要都是鋪馬路、修水溝。

王同學：

所以議員都沒有一些大格局的政見嗎？就都是鋪路這種喔？

何主委：選舉的政見喔？一個小議員講大格局的事很奇怪啊，像我明明是要選鄉代、鎮代，可是我從頭到尾完全都在主打臺灣獨立啦，或是主打兩岸統一，這不是很奇怪嗎？人家會覺得你很沒 sense 啊，你這樣應該去選立委才對啊，怎麼會跑去選地方民代咧？

所以在地方議會的層級，還是就議會能監督的行政權來提政見會好一點。你是選鄉代表，就提鄉的政見，是選縣議員，就提縣的政見。

同樣的，選上以後，你的質詢、問政、記者會啦，也應該貼近這些地方政府能處理的議題，不然就完全是問爽的。像是質詢學校抽籤不公啦；小朋友想讀幼稚園卻沒有那麼多的幼稚園；或是要租政府場地，卻發現太貴啦，收費可不可以便宜一點；紅線停車可不可以不要抓這麼兇，政府最近抓太兇啦；這些都是議員最常問的地方議題。議員如果從這個角度去問政，民眾也相對比較有感，老百姓會覺得我選這個議員出來，是有在幫我做事情的。

就你們大學生的角度來看，這樣當然不太好。為什麼會變這樣？我認為是因為缺乏監督，不透明。那要怎麼改善咧？我認為這就不是地方議會的問題了，要有更多的媒體進來關切，就那個什麼「第四權」嘛！像現在流行的網路媒體，就進入地方議會把他們議事的過程拍下來啊。

張專員：我記得立院好像已經通過法案，說地方議會都要直播？

何主委：對，可是全直播和拍下來，沒有專業的人來整理、分析，就還是一長串的無聊影片嘛！一般人還是看不懂，就可能跳過、忽略有問題的部分。所以媒體還是有它的必要性，可以幫民眾整理出重點。

另外我覺得除了拍下來之外，還有一個重點，就是可以把所有的選民服務的過程都透明化，讓大家知道誰做了什麼事。

同學你們可能不太知道啊，在臺北各種關說都已經電腦建檔、透明化了。你要找議員關說，議員會先叫你去打一九九九建案，等你拿到案號，他再拿這案號來關切，會比較方便。這樣對議員和民眾都方便啦！

張專員●●

對對，這個改變真的很大。過去我在臺北市議會的時候，覺得最痛苦的一件事，就是關說類的選民服務真的太多。有時候是暗中的對決，各方都有找議員，我們也不知道對手是誰，但是現在都透明化了，你要關說，就拿著公文案號來，我們也就拿這案號去問政府官員，透過系統來表達關切就好。

我覺得透過這樣公正公開的方式，反而可以讓議員更加輕鬆，就不會是在一片迷茫之中做事。

合法關說　有關係就沒關係，沒關係就有關係？

何主委●●

因為小張有講到關說哦，我來補充一下好了。所謂的關說，就是透過人情，透過關係去拜託人，不一定是找民代喔！就像很多大學生，在快要被當的時候，你可能也會找人去關說，找成績比較好的同學去拜託老師啦，甚至找你父母、找你阿嬤來關說老師啦。

所以關說就是透過關係去說一說，想辦法改變現有的結果，這種作法在人類社會是自古即有。那在各種可利用的關係之中，當然就是和民代的關係在政治上最「有力」。只要你是國民，就算沒有投過他半票，甚至也沒住在他的選區，還是可以去拜託他們幫忙關說喔！這就是我們一般稱為「選民服務案件」的關說。

陳同學：原來前面講的選民服務就是關說喔！

何主委：大多數的選民服務都是一種關說。雖然關說兩個字聽起來有點負面，但大多數的關說是合法的哦，不合法的，我們也不太敢去講啊！

已經體制化的選民服務案件，甚至會直接在公文上面標說這是某議員的陳情案，甚至是議員用大印發公文出去的。這類型的案子因為受到法律體系的管制，所以它就是照著一定的規則去跑，也許因為有議員關說而幫你加速一點，但通常不會有明顯的加分。

除了一般的交通、違建案，還有一類的關說是人事推薦案，就是推薦某某人去出任政府職位，有時一些外面的公司也會接受民代的推薦。地方議員經常會做這種關說，推薦一堆親朋好友的小孩進政府做約聘。我們都叫這個是「八行」，有時「八行」寫太多，都說自己快變王八了，哈哈！不過我是都用電腦列印的，所以很快。

這些推薦信到底有沒有效，我個人是非常懷疑啦！因為每個議員都寫啊，效果應該會抵消。而且因為案量很大，我過去當議員的時候，往往也就是行禮如儀，印出來蓋章送出去之後，就跟選民回說已經有推薦囉，最後有沒有上，也不清楚。如果有上，人家當然會意思意思送個小禮，但是沒上的好像更多哦！

陳同學：

不過議員不會有大小牌之別嗎？找大牌的關說應該比較有用吧？

何主委：

嗯，雖然的確有老牌議員看起來很大牌，那種派系的頭頭，很威風的。可是政府官員總是強調他們沒對議員大小眼，所有議員在他眼中都是平等的。我本人對這種說法也是存疑啦！有些議員真的是比較容易改變結果，甚至可以把違法拗成合法的喔！當然鄉下比較多啦，臺北就難了。

有些案子的確是完全不能拗的，像酒駕就是。之前基隆市長還本人去關說酒駕咧，一樣是被告進法院，公親變事主。二十年前我剛到議會的時候，酒駕就已經無法關說了，只要抓到就會馬上輸入電腦，這樣就不可能抽案或擋流程。

二十年前都是這樣，二十年後就更不用談酒駕了，立委本人酒駕，一樣會照流程跑。所以大條的事、媒體都在關心的事，就不能關說，進入司法流程的當然就更不行啦！

還有一種關說是會勘案，會勘案就是到現場去盧、去喬，運用民意代表的職權，想辦法拖延一些案件的執行速度，或是大事化小，小事化無。會勘案件通常是住宅違建或是營利事業的消防問題，當然一定不會過的狀況，也沒有辦法改變結果，因為違法就違法，你用肉眼都可以看到違法嘛！

重點是能拖多久，就是爭取改善寬限期，讓案主自己去改善，看是給他一週或是兩週。其實一、兩週之後，可能也是完全沒改善，還是要拆，或是要再改，但我們有爭取到一、兩週，也算仁至義盡，可以拉到幾張選票。

反正關說就是利用法律許可的職權，做人情給選民，大家都有好處。還有一些關說案是見不得光的，那就是私底下找，比如說立委或議員找官員到自己的辦公室裡面來講一些選民的案子，甚至是自己的案子，看能不能給點方便，做點生意。這個就是搞錢的啦，因為太危險了，我本人是不搞啦！哈哈！太危險了。

地方服務　地方服務做得好，下次競選沒煩惱？

陳同學：

對了，講到議員，我好像有看到民代的宣傳車在我家巷子那邊跑，就算不是選舉，他們也會說有什麼活動，那是在做什麼呢？也是選民服務嗎？

何主委：

啊那也是選民服務，打知名度用的啦！就算不是選舉期間，你也是要保持曝光啊，就算選民不來找你，你也要去找人家。

當然有人會認為地方民代好像經常吵吵鬧鬧，從選舉的過程到選完之後，他可能還是一天到晚放廣播，說我們這邊里民活動中心有活動，鄉親要不要來參加啊？這個里民活動，可能包括財會的，就是財務的、會計的，會有專家幫選民處理報稅，當然有時會結合里長提供健診的服務。

最近幾年流行的是找律師來提供法律諮詢服務，因為現在有法律糾紛的人愈來愈多，以前議員都在當調解的，現在都是在幫人找律師打官司，可能大家的想法轉變了。

議員為了要宣傳這些活動，這些活動又通常針對在地的鄰里，所以他也沒辦法，只能持續在巷弄裡面吵鬧。當然你會覺得非常煩，可是他也沒有其他的宣傳方式啊，總不能每次叫里長廣播吧？那就是換里長被罵。這種不是選舉期的活動，也是可以當成選舉的一環來看待啦，只要選委會不抓，大家就會一直做。

王同學：

主委，我剛剛聽張專員說您有當過里長，我想請問如果鄉長都做不了什麼事，那里長到底能做什麼啊？好像經常看到他走來走去，但又沒有在做什麼，只是一直在聊天的樣子？

何主委：

沒錯！我就是里長出身，然後選議員，接下來才做主委的。里長喔，真的就像你講的，看起來就是一直走來走去，然後都到處在找人聊天。那里長到底是在幹嘛的呢？

我這樣講好了，如果看不到里長，那才奇怪！因為里長的選區最小啊，他的活動範圍可能只有半徑五百公尺而已，這又是你的生活空間，你買東西、上下班移動的路線，可能都是在他管的那個里，當然就會一直碰到啦！

王同學：可是議員的選區不是也差不多大嗎？為什麼沒那麼常看到議員呢？好像選舉期之外也看不到耶？

何主委：喔！議員選區大很多哦！通常都是幾十個里哦！同學你應該是住臺北嘛？臺北這種直轄市，因為少掉鄉鎮市長和代表會這一級，所以地方最基層的是里長，然後再上一級就跳到市議員。大的里差不多一萬人，但市議員通常都是幾十萬人的選區，所以你就比較不容易碰到議員。

如果是在「縣」，就會有鄉鎮市長和代表，那就蠻常會碰到他們了，因為鄉鎮也不大，就臺北一個區啊！所以鄉鎮市民代表的選區或地盤才會小一點，可能剛好就一個里。像我就認識里長的太太也是市民代表的。

而且我要補充啊，里長的服務性質和民代不一樣，民代問政的範圍包括整個縣市，甚至整個國家，但里長他的服務基本上是在地的，不是在里內四處跑，就是在里辦公室或里活動中心，你很容易就能找到他。

至於民代的服務處通常因為選區大小的關係，會離你有一段距離，你可能就不太容易過去找他。而且民代經常會需要開會，或是有參訪啦，有會勘啦，人也不會在服務處。

參訪指的是出國啦，或是去其他縣市參觀。那會勘我們剛剛講過，就是如果有爭議的案件，不是坐在辦公室就可以討論出結果的，那就要大隊人馬拉出去，民代官員和事主一起來，大家同時到現場去看。

坐在辦公室開會可以解決的，那叫做協調會，就爭議各方統統叫來喬一下，民代本人當個公道伯來主持。如果是會勘的話，像是違建案，那一定要去現場嘛，不去現場，光看照片哪看得出問題呢？現場看完之後，大家決定一個解決方案，與會各方都簽字，就有法律效力。所以會勘就是到事件現場去開會的意思。

不過這是屬於主攻選民服務的民代啦！現在有些民代比較喜歡上電視，他當然也會做選民服務，但都交給助理去處理，本尊只會出現在電視上，去政論節目罵人。但這種人又會讓你覺得議員遠在電視機裡，只看得到里長這個活人。

反正里長就是你最容易看到的政治人物。如果連里長都看不太到，可能代表你都早出晚歸，出去的時候里長還沒上班，回來的時候里長都已經下班了。

不過我個人認為這個狀況很罕見喔。你們年輕人可能不知道，大多數的里長都會在早上五、六點開始上班，一直忙到晚上十點多。為什麼？

因為早上六、七點，可能每個里辦的旅行團或進香團就出發了。各地的里長都會辦很多這類的旅行團，和旅遊公司簽約合作，讓鄰里的長輩、小朋友能夠用很便宜的價格出去玩，這也算選民服務啦。

到了晚上，里長也要顧社區巡守隊。這個通常都會在里辦公室集合，然後帶出去在社區裡面巡一巡。表面上是要維持治安，但就是一種交誼活動，讓婆婆媽媽有機會聊一聊，還有順便去看一下鄰里公共設施有沒有問題，像路燈會不會亮、馬路有沒有被壓壞掉、公園設備有沒有正常。所以里長也是從早忙到晚，你要不看見他，真的是蠻難的哦。

有感建設 柏油路一次鋪到好，很難嗎？

陳同學：對了，為什麼臺灣的路都鋪得很不平啊？而且一天到晚都在挖馬路？

何主委：我想這大概是年輕人才會問的問題，不過老一輩的心裡都有一個先入為主的答案，就是認為鋪馬路可以撈錢，所以就要一直重鋪馬路。真正的原因當然不是這樣，但人家心中有定見了，就很難接受其他的答案。

在臺北或是一些比較有錢的直轄市，都會有所謂路平專案，它就一次把路鋪得很平，所以會有一段時間路是平的，但時間過了，還是會挖，隔了一段時間之後，他又去把路面銑刨掉，然後鋪平。這說實在的，和過去是一樣的啊，就是比較大規模地做。

那為什麼路會一直挖呢？這是好幾個原因疊在一起造成的。

第一個會挖路的原因是，就算根本沒必要挖鋪馬路，但政治人為了選舉，也會弄錢來重鋪馬路。在過去，我要強調是過去，因為現在很多地方已經廢除了議員指定工程款，但在過去，議員可以指定專屬於自己的一筆工程預算，看他要用在什麼地方，地方政府就會發包做工程。

那最能轉換成選票的工程，當然就是鋪馬路嘛，因為大家都看得到。所以平常在挖馬路和鋪馬路的人，就不是很認真鋪，反正知道你選舉前一定會再鋪平。到了選舉前，地方政府就會進行銑刨工程。他們會把整片路面刨除，再鋪上一個全新的柏油，看起來就很清爽。

因為是議員指定的嘛，為了讓議員能當成政績來宣傳，地方政府也會在投票前一、兩個月去做這件事情，然後議員就可以在馬路的兩邊不斷強調這是我爭取來的建設。這也不是要貪污，因為工程款不多，污了也沒意思，你當然就是想辦法用有限的錢，做出最多的政績啦！

第二個呢，就是臺灣有權力挖馬路的單位太多了。比如說臺電啦，中華電信啦，甚至中油啦，各天然氣公司啦，捷運也會去挖嘛。

在這樣的狀況下，一天到晚都可能會有單位去挖馬路。那路面刨除重鋪的工程呢，雖然明明是修復，但也會讓你覺得他是在挖馬路，反正你就是不能走嘛！這就會造成一天到晚都在挖馬路的印象。但還是會有人提出質疑呀，問說那為什麼刨除重鋪過後，立刻又來開挖呢？不能一次挖好嗎？

剛剛講過，很多刨除工程有選舉目的，所以他就不會認真協調其他施工單位提前施工。各施工單位如果覺得有需要挖呢？他也有可能會在你鋪完之後來挖，完全不奇怪。但民眾看到馬路剛鋪得漂漂亮亮又來挖，當然就會罵啦。

有位「很黑」的縣長曾經跟我透露，說他也很不喜歡一直挖馬路，因為他自己的進口車非常貴，他不想在坑坑疤疤的地方一直震動，這樣避震器會壞掉。所以有一次他就把工務局長叫來，問說能不能改成半年挖一次，就是上半年挖，下半年不要挖。

工務局長說當然可以半年不要挖，可是呢，這半年時間裡，路的兩旁會有新的建案蓋好，這些新建案會需要拉水電，你能怎麼辦？你能不給他挖嗎？他這個房子蓋好半年都不能拉水電，會不會影響到你的選情呢？一定會嘛！

又或是有時會有一些緊急搶救，比如說自來水爆管。這是因為管線太過老舊，或是有超重的砂石車壓過去，管線破了，還有就是瓦斯漏氣這種緊急搶救，那也會需要開挖。

除此之外，還有一些比較長期的公共工程，會好幾年都在施作，比如說水圳的地下化啦，管線的地下化啦，電線的地下化啦，這些都是該做的工程，你不太可能集中在半年來做，為什麼呢？不然那另外半年，這些施工單位要靠什麼吃？

所以，最後的結論就是沒辦法半年不施工，這縣長就摸摸鼻子縮回去了。在資源不足的狀況下，地方政府能做的真的不多，就是盡量協調，讓各施工單位在相近的工期開挖，然後定期去做路面刨除，再把它好好鋪平，不要隨便鋪，也不要選舉才做。

如果要徹底解決這個問題，就要推動共同管溝，就是把所有的管線收納到一個大的水泥管裡面，以後就直接在管子裡面施工，就不用一直重複開挖了。但就算是在臺北市也只有很少的地區，像內湖、南港的重劃區，才有大規模做共同管溝，為什麼呢？原因非常簡單，你要把所有東西都放在一條管子裡，還要有維修空間，那它一定會很粗嘛！多粗呢？

像捷運那樣粗。所以要做這個，成本也就會非常高啦！要花那麼多錢，又是民眾平常看不見的地下建設，或者說，民眾只會看到你一直在挖路施工，做了很久，又看不出來是做什麼，說不定你愈做，民眾還會愈火大耶。所以政治人物就比較不喜歡把錢投入這一塊囉！政治人物都會希望做「有感」的建設嘛，才會有票啊！

財政問題　政府投資有賺有賠，下手前請詳閱公開說明書

王同學：

我看臺灣的公共工程好像都會一直追加預算，這是為什麼啊？不能一開始就算好嗎？還是這是一種撈錢的方法呢？

何主委：

對，民眾都覺得各種公共工程好像都沒辦法準時蓋完，預算也都一直在追加，到最後就是全民買單了，因為頭洗到一半，不洗完也不行，就等於是強迫買單。

我覺得這有兩種可能啦，第一種是惡意的，就是要來騙錢。他一開始就低價投標，就是在標這個工程時用比較低的價格來搶，得標之後呢，他就藉由各種不可抗力的意外啦，或是藉口國際原物料上漲，甚至串通公務員增加施工項目等，用各種合法的方式來申請展延工期或追加預算。

還有另外一種追加預算，也不能說他善意啦，就是比較中性的，因為不是廠商出包，是政府出包。政府官員在規劃工程時就已經有問題，廠商照著做出來，結果發現不合用、效果不好，那怎麼辦？就只好追加工期和預算去把它修改到好。

我還聽過更誇張的咧，就是年度預算在編的時候就算錯了，結果到七、八月錢就花完了。這倒不是工程，是經常門的，你就知道有多誇張。像是單位公務車維修預算，可能年中就全部用完，難道你八月之後就不修車了嗎？不可能嘛，那單位就沒有車可以用了，所以只好被迫追加預算。

民意機關收到這種追加預算，也只能買單，生氣罵人也沒用，因為沒這個錢，車子就不能跑了，是大家一起痛苦。雖然政府官員應該為這種錯誤負責，但有時真的是意料之外，像是過去都編個一百萬就夠，結果今年五、六月就修了九十萬，一切都是合理、正常的保養，你能怎麼辦？

你還是要去追加給他。所以就某種層面來講，這可能也是我們國家的政治不夠科學，如果能用一些有效的方法去預測，並且進行事前的避險，應該就可以避免這類狀況。

但話說回來，像臺電、中油這種大公司在採購原物料時，一堆專家學者在進行避險，一樣還是會有虧損啊。不講公營事業，連國際航空公司的虧損有時也是對國際油價預測錯誤嘛。人的知識和能力是有極限的，有時出包真的是因為命不好，官員命格不夠硬。但也總是會有偷雞摸狗的人混在裡面想撈錢。

所以政府單位到底應該怎麼做呢？就算大家都摸著良心不A錢，還是會追加工期和預算，那也的確沒辦法過度苛責啦。就盡人事聽天命吧，你在政治圈混愈久，就會知道再大的官也不是神，他們只是通過考試而成為公務員，通過選舉而成為政治人物啊，他們不可能有預知未來的能力。當然，雖然一切都是命，但出包了，身為政治人物，就扛吧。你不扛，誰來扛？

陳同學：

主委不好意思喔！我其實是高雄上來臺北讀書的，我們高雄一直都是負債，而且好像愈來愈嚴重，但是臺北好像已經在還錢了，請問這種落差是因為高雄那邊一直亂追加預算嗎？還是議員在亂花錢？

何主委：

高雄市的狀況其實沒有特別壞喔！只是他們大，所以債看起來很驚人，但臺灣地方政府的狀況通常都很不好，苗栗、臺東、花蓮的整體財務狀況也都非常不好，我剛剛也有講，只有金門因為自己有酒廠，狀況好一點。

一個地方到底是不是在亂花錢，為什麼會搞到破產，這就必須好好看一下他們的財務結構，而看財務是很專業的工作，你可能要懂公共行政和財會相關的事情，所以能掌握門道的人不多。我當過議員，所以是有點概念，但也只比普通人好一點而已。

我們比較遺憾的是大家都只是看著欠錢數字就講故事，看到一個地方政府虧非常多錢，就直覺認為執政者一定有問題。但重點是錢到底花在哪裡？

政府的預算可粗分為經常門和資本門，經常門就是政府每天開門就固定要花的，而資本門是用來投資將來的，可能產生一些公共利益。有些地方政府財政是被經常門搞垮，因為約聘的人太多，固定支出太大，所以要改善財政，當然就要進行人事縮編，然後盡量把資源用在投資未來，就是花在資本門，投資要是能有所產出的話，當然就有機會創造比較高的財政收入。地方政府主要是靠土地稅，土地交易通常就和基層建設有關。

不過，像苗栗縣這種狀況，我認為他們不見得是被經常門搞垮，應該是資本門投資失敗。特別是在土地重劃上，他們花了非常多的錢，想要透過這種投資來翻身，但是苗栗縣本身一口氣重劃了太多地，工商發展卻跟不上，這些地就算有人買，也沒人住，那炒到最後當然就是泡沫化，土地賣不出去，地方政府借來的錢也就沒辦法還。加上他們之前又花大錢辦演唱會活動，創造的經濟效果也不高，最後就是一瀉千里啦！

至於你住的高雄市，狀況又不太一樣，高雄碰到的是產業結構轉型的問題。高雄原來是石化工業的都市，但現在不希望有那麼多石化工業，要用什麼產業來替代呢？我認為根本沒人知道答案！所以在石化工業不斷移出或關廠的狀況下，它的稅收與整體經濟繁榮程度自然會下降，但又必須不斷投資，尋找新的方向。一方面稅收沒有那麼理想，另外一方面又在投資，當然會造成負債不斷上升。

所以地方財政就是一場賭局，在產生結果之前，我們沒辦法知道這到底是好還是壞，因為如果賭贏了，高雄會成功進行經濟的轉型，像是轉換成以文化，或者是某種商業、觀光為主的城市，大家就會說當初這個豪賭是正確的，賭贏了。

可是如果賭輸呢？服務業、商業、觀光並沒有進來，而石化工業走了，高雄產業轉換的過程徹底失敗，財政就會掛掉。所以不要單純只看負債來評論，要去看他們的投資有沒有道理，其他錢花得有沒有道理。

妳也講到柯文哲嘛？他就是以省錢聞名。他讓臺北減少債務的方式，是去掐掉一些原本比較雞肋型的支出，可有可無的那種，然後壓低資本門來快速償債。這種作法表面上可以快速見效，可是也有隱憂。

因為你並不是因為經濟好、稅收增加而解決債務的，單純就是少花錢，那臺北市政府少花錢，就代表廠商沒辦法從臺北市政府那邊創造營收，經濟規模可能會縮小，之後的稅收也有可能變少。當然也不是必然這樣，因為臺北市的經濟發展受到國家整體的影響更大，但就是省錢省過頭，你投資不足，將來的經濟成長動能就可能會不夠。

這就變成經濟學問題了啦！你們大學生可能比我還懂。但就政治上來看，柯文哲的作法至少替他博得美名，但政治人自己要清楚，柯文哲這個作法不是標準答案，只是一種選擇。

臺灣碰到高雄那種困境的，或是正在嘗試走轉型路線的地方政府比較多，像臺中和我們桃園也都是類似的作法。這是個政治的賭局啦！失敗的話，政治人物就要承擔責任。

紅白場合　跑攤搏感情，有跑有保庇

王同學：

不好意思，我要打斷主委一下，剛剛有在講議員和里長，我突然想到一件事，就是為什麼里長都會出現在鄰里，但議員比較常出現在喜宴啊，好像吃喜酒的時候都會碰到？

何主委：

里長也會去啦！比較少而已，因為他們選舉競爭通常沒那麼激烈，但是議員選起來有時很激烈，要是沒有什麼曝光機會的話，就只好去這種場子接觸選民啊！這就是我們講的跑紅白啦！

我必須要幫政治人物說話喔！不論黨派，像紅白帖這種跑攤，就是去喜宴和公祭喔，民代沒有人是真的樂在其中啦，這是非常辛苦的事，如果你選區非常大，一天到晚都會有人過世吧？每週都會有人結婚吧？這些都要跑啊，還有遇到好日子一天跑十二場喜宴的耶！

而且鄉下地方不只婚喪要跑，還有喜慶，像是「入厝」，就是喬遷之喜啦，小孩滿月也會有人請客，公司新建築落成啦，店家開幕啦，廟宇的拜拜、神明生日啦，一大堆。

議員自己一個人不夠跑，還會找很多分身幫忙跑，比如說辦公室主任、特助，還有他太太、妹妹、媽媽，有空的全部都下去穿選舉背心幫忙跑。所以這對議員來說當然就是件苦差事。

我有問過，大多數的議員都傾向紅白這種東西是能減量就減量，可是你能不去嗎？如果別人有去，你沒去，家屬就會覺得你為什麼不來，是很大牌嗎？還是看不起我？這該怎麼辦呢？

要嘛就是聯合所有的議員一起不去跑。但這是一個幻想啦，為什麼？你所有的議員約好之後，只要有一個人背叛的話，他不就拿到所有的票？所以就算約好了，大家也都會偷偷背叛嘛！因為彼此是競爭關係啊！

所以這個是無解的，惡性競爭。除非你立法禁止議員去這種紅白場合，否則大家就會一直跑到產生反效果為止。像是所有認真跑紅白的人都落選，不跑的人都當選，才有可能真正改變這樣的狀況。

但現在就是反過來。也不能說是完全反過來啦，你有跑不代表你能當選，而是能當選的人都有跑，所以大家都覺得跑一跑會比較心安。

陳同學：

是有收到紅白帖就全部去跑嗎？還是比較沒票的就不去跑？

何主委：

的確啦！有些人真的會大小眼，有票的樁腳自己去，沒票的普通民眾就助理去，但都還是會去。雖然會這樣分，但不能被人家抓到你內心劃分的標準啊！

現在有些人很特別，他是本人完全不跑，都請特助或主任去跑。這可能讓人家覺得有點失禮，所以一定要有很正當的理由，比如說你很認真問政，像黃國昌那樣，哈哈，或者就是要安排這個特助或主任接棒，所以讓他們有亮相的機會。

還有一種啦，就是議員本人生病了，身體不方便。呃……不講你們可能不知道，有些地方議員啊，他可能一直生病，都沒有辦法問政，還是持續在擔任議員，因為他就是能當選，所以他永遠都是由代理人來出面處理事情，這也是臺灣地方政治的奇景啦。

議會奇景　沒有議長的議會，「馬照跑、舞照跳」？

王同學：我知道！我看報紙說過，之前苗栗縣議長都沒辦法來開會，可是這樣為什麼縣議會還可以運作呀？

何主委：對，這就是我講的例子。沒有議長，還是有副議長呀！還是可以運作啦！

王同學：那他這樣卡著缺，不會有人質疑嗎？其他議員為什麼還選他當議長？

何主委：哈哈，就地方派系支持嘛，議長身分有一些特殊的權力，像是排案子之類的，他只要有代理人，就還是可以做這些事情。就我所知，他們好像覺得不能問政又領錢，不太好看，所以將薪水全都捐出去。

苗栗縣議會這個案例，在全國也算是比較特別的。這個議長已經中風非常久，實際上是由他也當過議員的太太來代行職權。之前有新聞說他就算重病也還是出來辦報到，不然會被取消議員資格。但只要他還活著，幫他辦事的人頭腦清楚，派系也還相挺，那還是很威風的。

當然外人來看會覺得這非常荒謬，我也認為這種情形只會出現在缺乏監督的地方議會中，在大都市嘛，第一，人民就不會認同，第二，其他政客也會像狼一樣來搶你的地盤，不會給你拖這麼久的。所以鄉下的地方派系生態的確是蠻特別的，和都市的政黨政治差很多。

不過我覺得這有一點很妙，就是民主政治發展到一定程度，也不是要老大醒著才能辦事，只要底下的公務員和助理能有效接手運作，一樣也能辦事。相對來說，有些議員還比中風議員誇張咧，明明就很健康，也完全不問政，事情全推給助理，主任做得比議員還像議員，也是很荒謬啦！

當然，你們身為新一代的政治圈工作者，會覺得一個議長已經沒辦法執行他的權責，為什麼大家還是會支持他呢？是不是背後有什麼利益交換？而當這個議長只是橡皮圖章的時候，誰又能監督他背後的那些人？這些都值得更進一步去追究，不過年輕人比較不關心地方狀況，都在看中央政府、立法院的事，蠻可惜的。

王同學：對了，我又想起一個類似的案子，就是幾年前花蓮縣議會，好像在野黨要發言，結果主席不給他發言，這感覺也很誇張。

何主委：這事你也知道喔！你真的很關心政治耶！這個是花蓮縣議會的狀況，他們在野黨席次非常少，在野黨議員要質詢的時候，議長說時間到了，就敲槌子結束會議。

我認為這事情並沒有誇張到不可理解啦！他們縣議會，當然不可能是臺北市議會這種格局，臺北是幾個議員成立一個質詢組，每組有固定的時間給你講，講超過再卡掉。

花蓮就是一個時段給全體議員一起總質詢，有的議員講得長，後面就沒得秀了啊！當然，我覺得就人情義理來說，你好歹也延長一下，給個三、五分鐘讓在野黨的講完，完全不給人時間，就是完全不給人面子，就算不談什麼民主政治原則，至少做人也不應該這樣啦！當然我是不清楚這兩個人之前有沒有恩怨。

王同學：可是議員也是民選的，這樣卡掉人家的時間，合法嗎？

何主委：合不合法要先看地方議會的內規，如果沒有人提動議，或是沒有人去法院告，原則上大家還是直接認定合法，所以有任何覺得不合法的狀況，我認為還是要去告，由法官來決定。

但事情不能只用法律角度來看，也要用民主政治的常識來看。我認為這不只在人情義理上有問題，也不合民主的常識。

議會的存在，當然就是要讓各種民意都有展示、表達自己意見的機會。在野黨議員有意見要表達，那就給他講嘛！反正他們人少，又沒辦法產生什麼杯葛力量，你連講都不讓他講，也等於是藐視他代表的民意嘛！就是認為他的那些選民不是人，意見不用參考。

有人會說那是因為議員講了縣政府也不會理，所以講不講也沒差。欸！這種講法就是藐視議會耶！你議長自己也覺得議會的意見無法影響政府嗎？那你這個議會也太好笑了吧！

所以喔，要進入政治圈，不管你是代表什麼黨什麼派啦，我認為至少要有一點民主的常識，有一些基本的民主理念。你不認同他的意見，你也應該讓他講完，不是在那邊比大小牌，在那邊耍權威。小牌議員也許不能改變立法或預算的大方向，但是讓他的意見出現在會議紀錄上，本來就是他應有的權力嘛！

啊我會不會講太久了？我後面接著應該是鍾委員吧？

張專員：我剛剛去看過了，鍾委員還在和另外一場的小朋友談哦，我看主委要不要再撐一下？

何主委：

要講什麼？還是你們有什麼八卦想聽？哈哈哈哈，正經的我講不太出來，不正經的倒是可以講很多。

政治獻金 公道價不只八萬一！

張專員：

剛剛我和同學聊的時候，有講到政治圈弄錢的事情啦！但是我也沒有真正經手過，看主委能不能補充囉！

何主委：

你這樣講，好像變成我是有拿錢的樣子耶！像話嗎？哈哈。不過這個真的可以談一談。你們年輕人進政治圈喔，我覺得要建立正確的觀念，最重要的觀念，就是知道搞政治是可以不拿黑錢的。

別人都在拿，不用管他們，他們也不會逼你拿，只要你明白表達說你不拿錢，只要給我票，只要給我權力，他們那些很黑的，就會知道怎麼跟你相處，可以相安無事。

那要不要去檢舉他們，我覺得就是看個人，但「獨善其身」是真的有可能的！也不要用「大家都在貪」這種話來幫自己的惡行漂白。人家能不分給你，當然就不會分給你，會分給你，一定是你自己想要。我覺得不拿有問題的錢，政治路才能走得長久。

當然這個錢的問題哦！真的是說來話長。在過去，我們經常有一些長輩，就是現在七、八十歲的那些，他們的想法是政客做得好，那就給他賺一點錢沒關係。你們大學生當然會批評這種想法是缺乏民主政治概念啦！但老人家又沒讀過書，怎麼會有民主概念呢？他們就是把政治當成生意，你有賺到，也應該給人家賺一點，互相互相。

要是政治可以像做生意，那為什麼不管是民主政治、帝王政治都會反對官員貪污呢？代表政治就是做生意的想法還是有問題的，最主要的問題就是這種互動會造成不公平，會造成整個政治體系沒效率。

原本政府有十塊錢，這十塊都可以用在公共事務上，可是如果有貪污的狀況，這些公共資源就會有一部分變成私產，公產只剩下五塊，當然政府效能會變差啊！

要說政治人物也需要賺錢，那公務員的收入，雖然沒高到哪邊去，但也不算低了，不然為什麼這麼多人要考？政府部會的首長都領十幾、二十萬的月薪，而且還要配司機給他們，如果說要靠這過活的話，那絕對是很充裕。但想要賺大錢，還有很多行業啊！為什麼要走這途呢？

當政治人物除了薪水之外，還有很多外圍的好處是可以合法取得的，像是安插自己人當機要，或是去國營事業、各基金會。那些議員、立法委員，每月都可以領到三、五十萬，但其中大部分是要用來支付助理的薪水，而助理請太多，有時候這些錢甚至還不夠，他還要倒貼。

這時候就會需要政治獻金啦！臺灣現在政治獻金進出都有明確的規定，當然還是有可能私下收受一些額外的金錢，不過我們也都是勸政治人物盡量以合法方式來收錢，各企業也會覺得這樣比較方便，大家都是均一標準，不會有大小眼的問題。政治獻金只能用來選舉，選完之後你想要拿去辦基金會什麼的，都有非常嚴苛的規定，不是說你想怎樣就能怎樣，法規已經非常嚴格。

合法政治獻金之外喔，我個人就覺得算是比較黑的錢啦！我剛剛才講，大多數的政治人物的確可能還是有一些私下收錢的狀況，但不是很常有，沒有你想像那麼多。因為拿的人會怕，給的人也會怕，大家都會怕，所以一定是非常信任的人，雙方才會這樣做，不然人家一捅你，你不就死定了？

大多數政治人物想的是永續經營，不是撈一筆就走，那永續經營的人會期待的不是單一筆的政治獻金，而是長期支持，比如說你提供我競選總部、地區服務處，或是長期贊助我廣告看板，就是不要直接給我錢。這種互動當然會有一些道德和法律爭議，但你也知道，這種是比較能掌控的，就算要抓也比較容易抓到，因此也就不會搞得太誇張或太嚴重。

我個人認為，比較容易上下其手的，反而不是民選政治人物喔！最近貪污被抓出來的，經常是那些考進去的，不是選出來的。還有一種經常被法辦的，就是民代的助理、特助、辦公室主任，他們有可能背著民代在外面收錢，收到出大事。

所以有時候你們聽說什麼某某民代很黑啦！他開的價碼如何如何啦！實際上不是民代本人在收錢，而是民代的某個助理打著民代的旗號在外面收錢。

我們在政治圈混了幾十年，有時聽到某人突然換主任或助理，又沒有啥公開理由的，大家就會私底下推敲是不是因為「錢」的關係。這種狀況很常見哦！這些主任做得很優秀，大家都稱讚，為什麼會突然被換掉呢？

一開始我還不信，久了之後就發現原因幾乎都是帳目處理不清，或是打著議員、委員旗號在外面收錢「圍事」。所以我自己當議員的時候，都特別小心，不會讓助理去談錢的事，都是我自己去談。

不知道什麼是圍事？就是去跟店家說我可以罩你，幫你解決政府官員的騷擾，就像酒店的圍事幫店家處理黑白兩道嘛！那店家就會約定要以什麼方法給政治人物回饋。

愈鄉下的地方，店家違法的情形就愈嚴重，所以這種民代去圍事的機會就愈多。那助理看到老闆這麼好賺，會不會心癢癢呢？當然會嘛！所以有很多民代根本沒收到錢，而是那些打著議員名號去的助理收了錢。所以就算政府檢調單位有在注意民代本人和親友帳戶，也不會發現有什麼特別的地方，倒是助理吃得飽飽。所以政治人物有時也是很無奈，自己名聲在外面很臭，但其實沒收到錢。

說來殘酷，我進政治圈三十一年，看過非常多這種情形。像我二十年前剛選到議員，和幾個當時同黨的新議員一起面試了一批大學畢業生當助理，結果後來就不敢再這樣找人了，你們知道為什麼嗎？

那批小朋友有一半志不在此，只是對政治有點興趣，但地方議會很無聊嘛！他們做不到一年就走了。剩下的咧？做愈久的，愈容易出事，因為他就是發現有錢可以賺才會留下來。我有些同事就被這種人搞得很慘，差一點自己都被收押。

那一批也還是有能夠做四年以上，最後還能安全下莊的啦！他們基本上是本身就不愛錢或家裡很有錢的人，還有一個是好色。所以不愛錢的人，或是都在追逐權力所以不拿錢的人，才可以安然下莊。但是我必須強調，不會受到金錢誘惑的人真的不多，和學歷也沒什麼關係。

你們以後真的要進政治圈，我再教你們另外一個心法，就是要分辨眼前這個政治人物會不會收錢，是有門道的。你當然不是直接去問他會不會收錢，就算很熟的也不會跟你講好不好！我現在去問等一下你們要面談的鍾委員，他也會說他不收啊！哈哈！

我跟你們講，你們可以去問跑那個單位的老記者，他們通常都會知道這個委員或首長會不會收錢。像我們就算已經是線上的政治人物了，有時碰到一些案子，問了一票政治人物都行不通，最後還是要去問記者，才能打通真正的「關節」。

碰到記者就沒有什麼好害羞了，我們通常就會直接問某某政客是會收錢的嗎？如果會收錢的話，是由誰來代理？「禮數」大概怎麼算？就算記者一開始不知道，他們也比較能輾轉問出個答案來。很多政府單位或議會的老記者都混了十幾、二十年以上，大概都會有一些門路，甚至少數就是負責代收的。

不過因為這種事抓得愈來愈緊，我們現在得知的收錢方法，都是很間接的，像是他會告訴你，某某委員都是利用他哥哥在處理這一方面的事情，而價碼就是「一個單位」，地方政府大概就是五萬到十萬，中央的層級就是三十萬左右。感覺很少哦？這是因為三十萬以內，還是可以洗成合法的政治獻金。

超過的話呢，就用做生意的方式，你企業要給我錢，我就找家企業來和你有資金往來，把政治交易洗成一般商業交易，完全閃過政府的監控。不過我自己沒有實際做過啦，所以我也不太清楚真正到底是怎麼樣做的，你們可能就要請教正走過來的這位帥哥！就是鍾委員啦！

電視上有看過他吧！他可是從號稱每個案子都要「抽三成」的寶地出來的咧！

鍾委員：何老大你不要亂屁啦！我哪有在收錢！抽三成的現在已經跑路了！

何主委：好啦！剛剛是開玩笑的，鍾委員就是我剛剛講到，二十年前我們聘的那些年輕助理之中，少數能夠平平安安混到現在的！因為他不要錢，只要色！

鍾委員：哪有啊！何老大你不要亂講耶！這邊有小女生在。

何主委：好啦，不鬧了，我要去洗手間了。鍾委員是我們黨培養的明日之星，之後的苗栗縣長哦！現在是立院黨團召集人，有立院的問題，問他就沒錯啦！

啊，最後我勸兩位年輕人一句喔！你們進來政治圈的話，就算是當個小助理，也會擁有很大的權力。鍾委員以前處理過一個案子，就是修車場的那個，那個故事可以講，讓小朋友警惕一下。心中要有一把尺啦！

第三堂

我宣布，第九九九場黨團大亂鬥正式開始！

——立院與政院

鍾委員●●喔好，修車場的故事我後面講，但我要先說明，我不是黨團召集人啦！我是幹事長。

同學你們好，我是苗栗縣黨部的鍾主委，也是立院黨團幹事長，這是我的名片。所以我今天要負責講什麼？中央還是地方？

張專員●●何主委已經講過地方了，我看委員還是集中在立院好了，因為中央部分還有許執行長。

鍾委員●●好啊，你們對立法院有什麼問題嗎？

立院風氣 負面行銷也是一種行銷

陳同學：委員您好，因為我是高雄人，我一直很好奇，立委當選之後是不是還要跑地方呢？如果選區在高雄，那是不是要一直搭高鐵來回呢？

鍾委員：沒錯！大多數中南部選區的立委都會有這種問題和情形，所以我們也一直有遷都臺中的提議，因為來臺北開會，對於南部的立委非常不公平，就算有補貼交通費用可以讓他們搭高鐵，可是搭車也非常辛苦，來回就要花掉四、五個小時，在車上因為會震動，也沒辦法看資料，頂多就是講電話或睡覺。

通常在立院開議的期間，他們一個禮拜會有一半的時間在臺北開會，另一半的時間在南部跑攤。所以多數的區域立委都傾向立院這邊不要排太密的議程，就是因為有跑選區的考量。有時就算黨團發動甲級動員，就是不來會被黨紀懲處的那種通知，他們還是有可能會翹頭或回不來。

陳同學：那這時要怎麼辦呢？會被處罰嗎？

張專員：實在回不來，就先請假囉。不給請，就只好給黨團懲處囉，選民和黨比起來，通常選民還是比較大啦！

陳同學：對了，我媽說以前立委都很常打架，但是現在好像比較少，是為什麼啊？

鍾委員

哇！我們真的老了，立委打架都變成「以前」了。對啦，最近十幾年因為有黨團協商，就算要打也是意思意思打一下，主席就把案子送協商，所以打架的場景少很多，現在年輕人就不知道立院會打架了。

陳同學

那以前為什麼會打架呢？

鍾委員

最早期的立委打架，大概是在民國七〇、八〇年代的時候，應該是朱高正在立院所帶起的風潮。當時立院還是「萬年國會」，就是還有一大票民國三十八年一直持續到那時的老國代、老委員。

在嚴重的「朝大野小」情況下，也沒有現在的黨團協商，在野黨要表達意見、產生影響力，的確是要花點心思。黨團協商這個東西在李登輝總統後期才慢慢發展出來，這個制度又是由王金平院長發揚光大的。

在沒有黨團協商的狀況下，在野黨委員要把自己的、少數人的主張展現出來，大概也只能通過暴力干擾的手段，打到讓你沒辦法開會，只好退讓。

除此之外，因為媒體都被執政黨掌控，如果他理性問政，報紙不會登，電視上也看不到，所以他只能用負面的宣傳方式，就像現在流行的負面行銷，你用講的沒人理，用打的大家就都會看。所以依照當時的政治環境，打架其實是不得不為。

因為有用，這種暴力作法就從開始的單一個人，慢慢氾濫變成干擾議事的常見手段。因為打了有用，你是在野黨的，你就一定會學人家打嘛！雖然還是很難通過自己想要的法案，但我不希望特定法案通過的話，我就用打的，以拖待變，拖到執政黨有時間壓力，出面妥協，願意跟我談交換條件。

因為他們的目標就是破壞議事拖時間，所以也不是真的要打傷什麼人，就是想辦法攻占主席臺，破壞議場設備啦，把麥克風折斷啦，扭打也是為了困住其他委員。太陽花不也是這樣嗎？就是攻占議場，讓國民黨不能通過服貿協定嘛。

那議場在亂，也就會有主席是不是該動用警察權的爭議，就是用警察把在議場亂的委員排除出去。但是王金平前院長奠定了一個原則，就是即便國民黨一直要求，他也都不用警察權。他認為委員之間的爭議就由委員內部來解決，解決不了，大家就坐下來協商。我認為他也不是真心尊重民主精神啦，而是這樣搞，能讓他有權力對抗國民黨高層，讓立院能與司法權和行政權鼎足而三。

所以他不動用警察去排除，就等於強化了黨團協商機制，之後多數的暴力行動只剩逼對手進入黨團協商這個目的了。除此之外的暴力行動就比較像作秀啦，只是要去增強媒體效果，選民看到他有在打，就覺得有在做事嘛。

像最近幾年國民黨變在野黨，在立院的人數比較少，所以他們也改成用打的，努力地打，打了之後有沒有效果呢？雖然打架會造成負面印象，可是在政治上就是有效果，選民又支持，所以這種狀況就永遠不會消失。

黨團協商　不管大喬小喬，「喬」到位才是重點

王同學：

不好意思，我打斷一下喔！雖然經常在新聞中看到黨團協商，但這個機制到底是怎麼樣呢？

鍾委員：

黨團協商在臺灣已經法律化了，有明確的成文規定，但還是會有許多私下喬的部分啦，這些也可以算是一種黨團協商。黨團協商機制最主要的功能，就是立院各方覺得有必要，像是議事起爭議無法現場解決，這時候就會有人主張送黨團協商。

如果主席裁示進入協商呢，各黨黨團就在正常院會與委員會之外，另外派出幾個代表，以各黨平等、黨對黨的方式，針對爭議來進行討論。黨團協商會討論出一個結果，然後由與會各黨代表簽名表示同意。

之後到了實際投票的院會，這個已經簽名的部分，就不翻案討論了。所以大家與其一直在議場亂打，還不如派「大哥大」出來喬，喬出一個大家都滿意的結果。

所以協商機制是合法的，不是全都「黑箱」，這是依《立院職權行使法》來進行的，只要有錄音、錄影或像現在有直播，就沒啥問題。

那再來呢，每一個可以組成黨團的政黨或政團，都可以派人參加協商，而只要你找到三個人，就可以組黨團啦。要注意喔，雖然你只有三個人，但你和三十個人的政黨一樣，在黨團協商是一樣大的。

所以現在要「真吵」，都是在黨團協商吵，那個院會和委員會的吵，就多半是作秀，等你打完、吵完、秀完了，主席就裁示送黨團協商，那時才會認真討論。在協商過程中，大家都把爭議點講清楚、說明白，也簽字了，之後就沒有什麼好討論了，如果覺得沒討論完，就不要簽。當然你也會看到有人「撕毀協商決議」的啦！但這樣下次你就更喬不到東西了。

很多人說協商是剝奪其他委員問政的權益，但我覺得還好，因為不是說協商簽字，你這個黨就一定要全票通過，你還是可以去投反對票秀一下，但是就不要再花時間去做暴力的抗爭啦，或是有刻意拖延的舉動，這都會影響到別人願不願意持續跟你協商。

而且人很多的執政黨，真要繞過協商直接表決法案，也不是不行。像是民進黨完全執政後，因為國民黨的杯葛議事能力太爛了，所以也不太想和國民黨協商，有些法案就是直接比人數，靠拳頭打贏，然後硬過的。這時在野黨如果打不贏，又沒有協商機會，就會來文攻，像是大量提案，讓院會要徹夜表決。但這種搞法自己也會很累，而且歷來除了造成大家不爽，並沒有成功的。

好，了解這點之後，就可以反過來思考。假設我本來是單獨過半的立院多數政黨，但一進協商之後呢？我可能就只剩四分之一的影響力了，因為在協商過程中，三個人的黨和三十個人的黨是一樣大嘛！那我一定就不想進協商，如果進協商呢？

那就可能要拿許多東西和小黨交換，可能是這個法案內部的條文，也可能是這個法案換那個法案。所以你席次愈多，通常就愈不想進協商。

陳同學：

理論上小黨會比較喜歡協商吧？那為什麼會有「黑箱作業」的爭論？太陽花不就是反黑箱審查嗎？

鍾委員：

那個不一樣，那個是審議過程黑箱，不是說協商哦！不過黨團協商有時也蠻黑的就是了。

太陽花的時候，爭議點是服貿從政府談判到立院審議過程都有不夠透明公開的地方，外界不能監督，公民都不知道政府在談判過程中到底是怎麼談的，是不是有過度親中的問題，所以當時才會有這些訴求。

不過也因為經過太陽花，我們現在有許多像直播或是公民記者之類的管道可以監督立院，從審議過程到黨團協商，都可以有相對完整的紀錄。

雖然黨團協商過去也一樣有規定要記錄，但是執行得很爛，所以就會有「密室協商」這樣的說法，這也是時代力量當初一直打的點。

當然他們後來也被罵說自己當選以後也在密室、黑箱，不過我認為這就代表時代力量打這點會痛，所以老派政客才在吱吱叫。

我認為將來各種黑箱情形只會愈來愈少，但還是很難完全避免，因為你的鏡頭不可能一天二十四小時都跟著政客，他們還是可以私下喬，串通欺負我們小黨。

不過我可以報個小料，當初審服貿的時候，大家都在打過程黑箱，但那個談判過程是不是真的很黑呢？我後來也有去了解，我個人認為不能算是黑，算是無知，連官員都無知，但因為過程不透明，大家不知道內情而已。

這些臺灣的談判代表根本就沒辦法認真談，因為他們對這些產業也不太懂，產業太多了嘛！經常是產業界有什麼粗略意見，他們就拿去談，談不出來，或是談到了一些東西，他們也不知道那真正的價值是什麼。

這當然也是個問題，所以與其說要完全公開，不如說要有更多理性問政的人、有政治概念的人一起參與這個審議過程，才能讓行政和立法的運作良性發展。

就像現在立法已經公開了，但還有很多行政權的運作目前蠻黑箱的，像是專家學者的審查會議，部分是公開的，有些是全程錄影，但還是有一些沒有公開資訊，連文字記載都很少有。

這些專家學者在討論事情的時候，到底是用什麼樣的方式在討論？為什麼會討論出這樣的結果？討論過程能受到司法、監察體系的監管嗎？我一直對這個機制有所懷疑，因為臺灣現在主流施政決策都是審議民主制，這一塊需要更多的關切。

王同學：協商的作用我大概知道了，但是起頭的部分我還是有點聽不太懂耶，是說主席覺得很吵，就可以送協商嗎？

鍾委員

這個和院會制度有關係。我簡單說一下喔！以後如果你們真的進立院，會有人教你們完整版的，我現在就只提最基本的概念。

你們應該知道立院有三讀嘛？一個法案提出來後要讀三次，就是表決三次。那是真的會有人唸出來的那種讀喔！不過在院會一讀的時候，只會讀標題，然後看看有沒有委員提案要「逕付二讀」，就是直接送去二讀院會討論。但很少有這樣的法案啦！

如果已經一讀又沒有逕付二讀，那就會把法案送給相關的委員會進行「初審」。委員會就是你們在電視上看到的，某某委員在國防外交啦，某某人在財政委員會的那種，立院現在這種委員會有八個。朝野立委在委員會就可能吵起來或打起來，但如果只有一部分條文有爭議，另一部分大家覺得可以，主席可能會裁示說沒爭議的部分就送院會二讀，有爭議的呢，先委員會內喬看看，還是不行，就送黨團協商。

這時候院長就出來啦，他會主導黨團協商進程，他安排和主持協商的態度，對於法案是不是會過的影響就很大了。如果協商出結果，大家都簽字呢？那就進院會二讀。二讀還是可以討論啦，但如果大家都不想討論，就會馬上接三讀通過了。二讀還可以討論條文爭議，然後表決，三讀主要就是看文字上有沒有問題。

如果黨團協商不出結果呢？雖然理論上經過一個月的冷靜期，會送回院會去表決，但如果院長不排案，或是用這案卡那案，就會一直拖，如果拖過這屆的四年任期，就要回到提案那邊去重來囉！就是要從一讀再來一次。

像二〇一三年有馬王政爭，就是因為馬英九覺得王金平一直拖國民黨的法案，讓他很不爽，所以他要把王金平拔掉，結果失敗，反而弄得自己一臉土。這個協商和院會流程大概是這樣，聽得懂嗎？

王同學：不過因為有黨團協商，所以完全執政之後，執政黨還是要看在野黨的臉色對嗎？這樣不是會對抗到民主的多數決意義嗎？

鍾委員

對，一直都有這樣的批評。完全執政哦，意思是指總統和立法院多數都是由同一黨來控制。那為什麼就算完全執政，只要有個黨團協商，就變成要看其他黨派的臉色呢？這好像和學校教的民主多數決不一樣。

我們學到的，就是「少數服從多數，多數尊重少數」。不過在實際政治裡面，這句話有點嘴砲，為什麼呢？因為你講的尊重、服從啊，到底是什麼意思呢？如果你擁有多數席次，那你提什麼法案，我就要全部接受嗎？那立院只要一個人代表一個得票最多的黨就好了嘛，要一百多個委員幹嘛？

就算你沒有政治經驗，只要冷靜想想，也會發現「少數服從多數，多數尊重少數」這話沒有道理嘛！因為就算我在立院只差你一席，我也算是少數，我在所有的法案就都要聽你，這種要求反而更脫離現實。

所以應該怎麼辦？都用喬的？這也怪怪的。我認為這問題應該回歸政治的基本概念來看。

政治就是權力的傾軋，權力的對決，權力就是英文的 power，你能展現的各種力量的集合。所以政治就是力的對決，我今天選輸你幾席，不代表我已經消滅了，因為這裡不是獨裁政府，不會槍斃輸家的。我雖然在野，但我的勢力還是存在，我的票少一點，但我的實質影響力還是可以讓你很不舒服。

你就算選贏，也沒辦法直接用席次的差別要求我一定要支持你的任何政策，乖乖聽你的安排。如果你不照真正的實力分配資源，那只要我有力量在，我就會鬧。你不給，我就在議場鬧，我就去街頭鬧，甚至讓街頭的人衝進去議場，癱瘓你的法定權力。這就太陽花嘛。

真正的政治運作，就是你有什麼底力，就能喊什麼牌。那法律呢？不管法律只講實力，甚至暴力嗎？也不是這樣看。應該是說，能充分運用法條，充分運用議事規則的人，就能把自己的力量發揮到極限。

所以在馬英九執政的那八年，國民黨明明完全執政，卻還是很難對抗柯建銘所帶領的民進黨黨團。為什麼呢？因為柯建銘非常熟悉立院的法規與慣例，而國民黨這邊的黨團三長卻一直換人，所以柯建銘就充分利用黨團協商的機制，把國民黨的腳拉住，使得國民黨不得不一再妥協。

這種妥協也不是完全接受民進黨的方案，而是在兩黨之中找一個妥協的版本。就席次來看，國民黨可能有百分之七十，民進黨只有百分之三十，國民黨本來可以透過表決全拿，可是因為運用議事技巧，最後這個妥協方案，可能是國民黨只拿到百分之八十，民進黨的部分占百分之二十。所以就結果來說，你也不能說這是反民主。這樣你們應該就懂了吧？

惡性關說　重點不是吃，是吃相難看

陳同學：所以協商看起來還好嘛，但之前柯建銘不是還有關說案嗎？還造成馬王政爭的問題，這又要怎麼看呢？立委很常關說嗎？

鍾委員：

柯建銘和王金平的司法關說案，當時的確鬧很大，可是我們國內並沒有「妨害司法公正罪」，所以這事情就是你明知有問題，但當事人又都可以安然過關，因為沒有罪你就不能把他捉去，他只是有道德上的疑慮。我認為是應該修法定出這個罪啦，但你想以王、柯兩人在立院的地位，有可能修得出來嗎？

不過這個案子是柯建銘找王金平關說自己的案件，原案本身真的蠻小條的，重要性不高，反而是之後馬英九、黃世銘對這案子的「洩密案」鬧到上法庭。撇開這個案子，我看過許多立委的關說就真的蠻惡質的，也很大條，他們會要求官員把無法通過審核的案子硬搞到可以過，或是反過來，人家明明可以過的案子，他就是要硬擋。

我就接過這種選民服務啊，有間公司申請的政府許可一直下不來，因為有立委在擋。那立委形象很好耶！可是他居然直接派助理找那公司說，你們的宣傳活動要給我兄弟旗下的廠商包，一場一百萬，我就保證你送審的案子馬上過。

這不是太誇張了嗎？有人要錢是這麼公開的嗎？那助理還發名片給這公司，我實在不知道該說什麼，這些人知道自己是在做壞事嗎？

張專員 剛剛何老大不是請委員講當年修車場的事嗎？

鍾委員 對對，那案子和這邊相關，一起講好了。我當年還在當議員助理的時候，有次因為問政沒有題目嘛，就找很小的案子去質詢，然後辦會勘，帶了一大堆官員去抄家。什麼案子呢？

各位應該知道人行道會比道路的路面要高一點嘛，如果你開店，像是洗車、修車店，車子要經過人行道才能進出道路時，就會有段高低差。最好的解決辦法，就是請政府在重做人行道的時候，幫你做成斜坡。

但政府可能十幾年才重做一次人行道啊，那廠商能怎麼辦？他們就會用鐵架做個三角形的暫時坡道，放在人行道和路面之間，有些店家還會直接做成水泥的。

不過這全部違法，是違建，因為你是占用公共設施做了這東西，又未經許可。所以政府可以去拆除，甚至罰錢的。我那時因為沒哏，就做了這個議題，因為我們外環道有一整排都是這種修車行或洗車店，於是一口氣就抄了十幾家。

結果一回議會辦公室呢，就接到電話，是店家打來的。不是打來威脅，劈頭就說：「感謝議員認真問政，希望有機會下次募款餐會可以通知，本店願意買二十萬元的餐券。」一家就二十萬哦！我們一天就抄了十幾家！這種錢還是可以洗成政治獻金哦！你想如果要透過關說賺錢，透過政治撈錢，有多好賺？

這個電話我後來不敢處理，直接轉給議員了，但我知道很多助理會從中上下其手的，民代本人用這種方法撈錢的，就更多了。

不過這也是快二十年前的事了。惡性關說過去當然很多人敢搞，可是隨著錄音、錄影工具的普遍，我認為敢來這一套的人已經沒有那麼多了。當然還是有我前面說的那種擋人家案子還發名片要錢的白痴啦，但應該很快就會被抓走了。

陳同學：這樣真的是蠻惡質的耶！那民眾對於這種撈錢的、官商勾結的，是不是就拿他沒有辦法？

鍾委員：小案子還好，怕是怕大案子。像立院之前都在吵亞泥挖山的那個礦場，經濟部火速通過審查，立院事後就很難去推翻。這就是比較大的問題，老實說我也不知道怎麼解決。

還有一些大企業，比如說裕隆，給他特許幾十年，結果還是做不出真正純國產的車，這種帳要怎麼算？我在政壇打滾二十年囉，還是不知道該怎麼處理，你就知道這有多麻煩。

但案子不是永遠都那麼大，民眾身邊也可能突然發現有官商勾結，或是民代惡性關說的，這些案子，所有人都有檢舉的權利，你可以從司法管道去告發，或是走監察院的路線。

臺灣的立法權跟監察權是區分開來的，監察權是另外獨立的權力，監察委員可以調查公務員是不是瀆職，就是他處理事情的流程和態度上有沒有問題，可以讓他無法升官，甚至丟飯碗。

司法單位當然就是查公務員有沒有貪污圖利罪嫌。現在都不能匿名檢舉了，所以很多人不敢告發，不過我是覺得沒啥好怕的，都是人民自己嚇自己，因為洩露檢舉人這可是超大的包，像我們這種缺議題的民代，一定會立刻搶來打。就有點像王金平的關說案沒事，最後洩密的反而一堆鳥事。

就立法院的職權，像是亞泥或裕隆，你當然可以請行政院長來進行專案報告，不過通常在完全執政的狀況下，立院都會護航執政黨，除非案子很大條，在野黨列入協商條件，否則比較不容易做到請官員針對案子來做專案報告，而且報告完，你可能也很難改變什麼。

那到底要怎麼解決？或到底要怎麼攔阻呢？我建議是多管齊下，一方面去告、去檢舉，再來就是推動社會運動或公民運動，能到太陽花那麼大是最好，如果不能到那種程度的話，至少也要保持一定抗議的能量，持續施壓，這樣其他人才會覺得這事情很重要。

還有發動政治公關活動去遊說立委，掌握一定的立委席次。只要你掌握的立委席次夠多，就能在預算審議時施壓，比如說你去對經濟部施壓，那他當然就可能會在你想爭取的案子上有點「調整」。如果卡預算還是不聽呢？那利用立委不斷施壓要求撤換當前的部會首長，也有可能造成改變。

基本上平凡百姓想直接推翻現有的政治決定，我認為是非常困難的挑戰，但不是不可能。我想你們最熟悉的案例可能就是洪仲丘案，我認為這事情比太陽花還有代表性，因為這是臺灣當前公民運動的起點。在這之前當然有公民運動，但從來沒有匯集這麼大的力量。

洪仲丘案就是一個普通軍人被虐死在部隊裡面的案件，但能獲得這麼廣大的支持，是因為這議題本身能喚起許多男性從軍時的共同記憶，就會快速放大，產生一連串的政治效應，甚至短期內就逼政府進行大規模的修法和讓步。

所以你的議題是不是真的有道理？是不是有夠多的公民跟你有同樣的想法？這很重要，因為民主政治就是比力量的，有夠多的公民接受共識，就能產生很大的影響力。如果你認為某件事很大條，盡量喚起最多的民眾來支持你的看法，就能產生真正的力量。

王同學：

委員不好意思，我想問前面提到的部分，就是我們都聽說王金平和柯建銘是「喬王」，很會喬事情，就是指這種關說嗎？

鍾委員●

「喬」可以指任何的討論，所以範圍很廣。關說是一個層面，那另外一個層面就是黨團協商。

關說的內容有百百款，但王、柯他們都算很厲害，輩分也高，多數官員都會看他們的面子買單。而黨團協商嘛，他們的技術也很嫻熟。黨團協商是立院運作的緩衝劑，可以有效整合眾議，讓大家從打打鬧鬧、一事無成，轉變成有打有鬧，又可以生出東西，所以我覺得他們兩個還是有貢獻的。

但立院應不應該繼續往前走呢？我認為應該還有更好的模式。現行的協商制度會讓小黨有機會綁架大黨，如果有天不論朝野大小黨都已經是具有民主理念的政黨，那是不是能採用一種更能展現民主精神的新制度？

目前我是沒什麼具體的想法，但我認為所有的政治交換都可以在委員會裡面直接進行，一階段協商就好，不需要再另外進行黨團協商。就讓每個立委都有決戰的權力，也磨練談判經驗。當然你黨團自己還是可以開黨團會議，開完就讓委員取得代表權，去各委員會裡喬。

有些人認為現在改革尚未完成，還是有一些大腦不太正常的政黨，所以不宜太快放棄現行的協商機制。但長遠來看，把黨團協商消除掉是個必要的工作，因為總是有人來利用它來作惡。

就像有些小黨，它可能會故意用這個方法來阻撓法案的立法，也許只能多拖一、兩個月，可是多拖一、兩個月，就可能傷害到善良百姓，或是讓一些惡質企業能撐過政府的檢查和處罰。所以我認為黨團協商長期來看還是應該破除的。

協商之外　萬用的杯葛加拖延戰術

王同學：

沒有黨團協商的話，立法院的小黨還會有哪些戰術啊？

鍾委員：還有杯葛戰術啊，這是全世界都有的。杯葛就是boycott，就是我們一般講的「抵制」，它一開始是指拒買、拒吃無良商家的產品，後來也變成所有抵制行動的代名詞。

立院也很常進入杯葛狀態，比如我拒審法案、拒絕進場開會，或是人數不足讓你流會，這些都是合於會議規範的杯葛手段。打架也算啦，只是現在打起來都是為了進協商，打架本身的含意和戰術就沒那麼多。不過離開協商，如果還是要和多數黨糾纏，仍然有可能在二讀會用技術來進行杯葛，就是充分利用會議規則的空間或漏洞。

你們有開過會嗎？那個《民權初步》裡面的權宜問題和程序問題就可以用來拖時間。程序問題就是這個會議的運作過程是不是合乎會議規範，是不是有程序正義的問題，像有沒有搞錯議案發言順序，現場人數還夠不夠等等。權宜問題就是出現干擾會議的一些重大物理或化學現象，比如說會場空氣不佳，或肚子餓了，大家要不要停下來吃個飯。就是你不搞定，這個會議會很難開，但又不至於讓會議完全被破壞。

立院的會議規則是進階版的，我們可以用來拖時間的爛招很多哦！像是和前面講的兩種問題很像的程序發言和會議詢問，這兩招雖然可以拖很長的時間，不過主席可能不會鳥你。比較有用的是散會動議，還有變更議程，因為這要清查人數，也會拖時間，如果給你散會成功，更是一槍斃命。另外一招是熱門議題都會有的，就是決定要開公聽會，開完再來審，從服貿到同性婚姻都開了一大堆公聽會，這也是一種爛招啦！

用我說的這種會議技術來杯葛當然也比較文明，你要是採取打人這種暴力的杯葛手段，因為比較「原始」，通常會有比較負面的評價。另外一種不太文明的人肉戰法，就是一大早去占會議室的主席臺，甚至把門鎖起來，這都算蠻原始人的作法，媒體普遍認為沒那麼漂亮。但不管文不文明，是不是原始人，重點還是有沒有用啦，如果你能透過杯葛手段逼到對手不得不宣布散會，那就贏囉！

陳同學：

之前我好像看到國民黨有提很多案子的，那又是怎樣的戰術啊？

鍾委員：

提出大量的提案也是要拖延議事，這有兩種目標，第一是逼迫執政黨回到談判桌，第二就是一路表決到執政黨委員受不了，開始落跑，然後用散會動議算人頭，逼主席散會。

兩位可能不清楚他們為什麼能提到幾百、幾千案，這是因為每個委員都有提案權，而且這個提案權是沒有上限的，只要你敢提、你可以提，就可以提到爽，所以要杯葛的黨團呢，就叫所有的助理一起下去拚命寫提案。當然很多都是亂寫的，就複製貼上，改一個數字而已。

所以在前瞻計畫的審議過程中，國民黨就提了大量的案子去卡，那民進黨是利用一些議事的技巧，像是「一事不二議」，把其中很多類似的提案砍掉。到最後國民黨看狀況已無法逆轉，就自己放棄了。

大量提案為什麼能拖時間呢？如果大量提案的話，就每一個提案都要唸、都要審、都要投票，形成「物理上的障礙」，就是要花時間去審、花空間去堆這麼多印出來的提案。你要印這麼多提案，就要很多紙，廠商不見得有辦法幫你這麼快印好啊，於是就拖到了。

所以如果提案戰成功，很急著要過的案子被卡，執政黨就被迫要冷靜下來找在野黨談。不然如果拖到下個會期，可能就會愈拖愈沒希望囉！

陳同學

會期是什麼啊？立委不是一屆四年嗎？

鍾委員

立委一屆是四年沒錯，可是他不是全年都在開會，不可能連開四年，總是要放假的吧！所以就會有會期的劃分，正常就是上半年一個會期，下半年一個會期。原定會期之後，如果朝野各黨同意，他可以針對特定主題加開臨時會，如果一直搞不定，就可以一直加加加，到下一個會期開議之前都可以加，就大家看怎麼喬。

但也不是說會期到了就要全部砍掉重練，真的會全部砍掉重練、把法案打回提案重新開始的，是「換屆」，你換一屆立委，所有沒三讀完的，就都要倒回去提案再來一次。為什麼？因為新民意產生了嘛！所以前面的就都不算數了。

所以四年叫「屆期」。「會期」的不同點在於，就算這個會期結束，還是可以續審原案，但你如果這個會期猛攻卻沒有過，可能委員會的召委換人，把你的案子往後排，也可能卡在協商很久，大家可能就沒力了，會改攻別的優先法案。

另一個會期制的影響，就是下半年的會期通常會花一段很長的時間審預算，這樣你能審的法案就少，但這個時間推的法案呢，卻愈有可能綁著預算來談，你如果是在野黨，就有可能把法案綁預算來進行協商。

此外還有什麼值得一談的呢？對了！在開會的時候有保護傘，委員不能在未經院會許可的狀況下被逮捕，這是保障言論自由。但就算你想永遠都不被抓，也不能一直開會啦！因為大家還是要放假啊！會期之外也會排一些參訪。

而且採用會期制，可以使整體的審議比較有效率。我覺得大家有時間壓力，就會趕著要在這個會期時間內把該做的事搞定。你如果實在不太懂，就把它想像成學生的學期制，你就是一定要在學期結束前把作業、報告、所有東西都交出去，不然暑假也會不開心。

陳同學：我想再問一些拖時間的戰術！另外如果是暴力打法，又要怎麼打比較有效呢？拆掉麥克風嗎？

鍾委員：拆機器是很古典的作法了啦！雖然現在還是有用，但修很快啊，目前主流的打架，都是去攻占主席臺，讓主席沒辦法上臺、沒辦法敲議事槌。很多人認為場地設備壞掉的話，那主席可以換議場吧？這當然是可行的，但院會你是要換到哪去？如果是委員會換到另外一個會議室的話，人家一樣跑去那邊占領，或是把那個小會議室的門鎖起來。

太陽花就是直接去攻占議場，把你議事癱瘓掉，雖然其他委員會還是照常開，但你沒有議場，就是癱瘓了二三讀的議事，那你服貿後面就沒辦法審了。當然，太陽花攻占主議場時，也有討論是不是要換地方開會，但王金平否決了。他認為人民已經表達重大政治意向，那就不宜惡搞，你如果把會議移到別的地方去開，人家也會跑過去攻占，還是沒完沒了，不如好好把爭議解決。

立院黨團 政治人物也搞小圈圈

陳同學：我還有一個很笨的問題哦，剛剛一直講黨團，黨團到底是什麼呀？

鍾委員：

這一點都不笨哦，這是很專業的問題。黨團是依立院內規組成的，我們是三個人可以組成黨團。而在地方議會當然也有黨團，但是因為他們比較少有協商或黨團才能做的事項，所以議會比較強調的是問政小組，在質詢時會組成一個問政小組，如果我這個黨只有一個人的話，我可能就必須加入其他政黨的問政小組一起運作。

黨團最主要的就是開黨團會議凝聚共識，還有就是去黨團協商，沒有黨團就不能協商囉，所以各政黨進到立院的時候，都會組成黨團。黨團會有三長，負責代表黨團出去開會的，各黨名稱不同，國民黨叫政策會執行長、書記什麼的，我們小黨叫總召集人、副總召，還有幹事長，我就是幹事長。

總召就是大黨鞭囉，是我們黨在立院的領袖，黨團協商他簽名就算數，不過一般我們去開會的都會簽，或三個中有兩個簽名就算數。

面對黨團，你也不用太在意名稱，就是確認誰是第一大，誰是第二大，誰是第三大，就可以談定事情了。不然大哥大在，你和二哥談，往往談了也不見得算數。

像時代力量之前是徐永明輪值總召吧，但他講的也是會被黃國昌推翻。

立院黨團最知名的大哥大就是柯建銘，他一直都是民進黨的頭牌，可是國民黨不斷換人，這就造成國民黨的大哥大對議事規則與事件脈絡的熟練度沒有柯建銘那麼高，也就很容易被柯建銘整。

但是民進黨長期由柯建銘把持，也引起很多問題，就是柯建銘的意志經常等同於整個黨的意志。他不會在黨團會議的時候介入太深，但是如果確定方向，他就會覺得自己要強力執行這個決議，這時還有反對意見的委員，就可能被他打壓了。

王同學：

黨團會議是什麼呢？

鍾委員：

黨團會議就是加入黨團運作的委員所共同召開的會議，一個黨團就算只有三、五個人，要決定政策方向時也會先開黨團會議，那屬於這個黨團的所有成員都會一起來開會。這些成員不見得都是同黨籍，像民進黨現在的立院黨團就有一個不是民進黨籍，他是無黨籍的，只是加入民進黨黨團來運作。

黨團會議是用來確定黨團的各種政策和戰術，這代表黨團可能和黨中央，或執政團隊的意見不同步哦！所以你看新聞，會看到法案有行政院版本，還有立委自己的版本，那黨團部分就會先喬或先投票，有時個別立委意見太強硬，不肯妥協，黨中央還會有人下來「督軍」咧！

黨團最後通常會提出一個黨團的法案版本，像同性婚姻那種爭議太大的，才會有多個版本。有了黨團版本，大黨鞭就有責任去推動，分派委員打戰術。那又要怎麼打戰術呢？

一方面是對外，另一方面是對內。黨團可以對黨籍立委進行約束和懲罰，兩位應該聽過一個詞叫甲級動員，發出「甲動」，就代表我今天叫所有成員一定要來，你沒有事先請假獲准而擅自不來，你事情就大條，我會罰錢、判你停權。停權可能是不能參與黨團會議，就不能提案，你的意見也就不會成為黨的意見。有時甲動不來或沒照黨的意見投票，甚至會鬧到開除黨籍。

所以這個大黨鞭還真的是可以打人的鞭子，是用來促使大家依循黨意，團結成一個黨的，不然黨為什麼叫黨？一個黨裡面大家都提自己的案子，票都投自己的，那為什麼要組黨？

當然黨團之外，你還是可以提自己的版本，所以你能看到立院修法過程中會有某黨團的版本，也同時會有該黨甲委員的版本，他在黨團版本之外提出自己的版本，這是立委的合法職權，但通常來說，立委自己提的版本，它的競爭力、影響力都遠不如黨團提的版本。

所以簡單來講，黨團就是種先民主後戰鬥的組織。

陳同學●●

可是如果黨團可以處罰立委，好像有點不尊重他代表的民意耶？就像民進黨在修《勞基法》的時候，是處罰那些有民意支持、但反對修法的委員。

鍾委員：

黨意和民意脫節的狀況不少啊，因為委員們會受到有錢人、資本家的遊說嘛！當然就會有很多人背離民意，也就可能出現這種幫小老百姓說話的，反而被黨紀處分的狀況了。

不過大部分的黨紀處分都有道理啦，至少能獲得多數黨團成員的認同，不然這個黨就垮了。而且黨紀處分也有輕重的差別，你問題小就輕罰，或是停權一段時間，問題很大才會鬧到要開除。

不過講到民主政治的理念，一直都有個爭議，就是黨內到底要不要民主，是黨中央下令，立院就要買單嗎？如果要黨內民主，那應該做到什麼樣的程度呢？在一些比較集權的政黨，像是有很明確的黨章、黨規、黨員的管理，黨中央對這些民代的控制力也會比較強大，上到立院，下到地方議會，如果祭出黨紀處分，是真的有殺傷力的。

因為這些民代的助理可能都是黨中央派的，運作經費也是黨中央支持的，如果失去黨籍，就算還有民代身分，接下來的運作與競選過程也會非常辛苦。就算只是停權，也會對他們參與黨務有一定程度的影響。像我們這種不分區委員就更不用說了，被開除黨籍，就失去委員資格，什麼都不是啦！所以不分區都會配合黨中央的意見。

不過黨紀處分的威脅性，還是要看黨鞭的執行力。像現在的國民黨，他們即使祭出甲級動員，王金平也還是可能不來，但誰動得了王金平？所以國民黨雖然號稱三十幾席，但實際上就是要減一席，因為王金平通常都不會出現，他是退休的議長嘛，誰敢動他？大家都有一堆喬來喬去的把柄在他手上。

這算是民主政黨政治的常態嗎？我認為不是，他算是開了一個先例，也不見得是不好的先例啦！因為過往的立院院長從這位子下來之後，不是跑路，就是過世，不然就是沒有續任，大家都不清楚應該怎麼面對或處理退休院長，所以王金平這不是慣例，他算是開一個先例，之後的院長要不要學，就再看看了。

但一個立委完全不受黨紀處分，或是黨中央的手伸進立院，這些狀況是好是壞，我覺得蠻值得討論的。因為我們不像國外的國會是五、六百席，我們只有一百多席，委員已經這麼少了，當然更應該努力執行工作。

總而言之，黨紀處分是維持一個有戰鬥力的政黨的必要之惡，就像一般人會受到法律約束，立法委員也會受到專屬內規的約束啊。

不然有時候一些立院提案牽涉到金錢利益，如果沒有使用黨紀處分的話，委員可能因為收到政治獻金，就說自己不方便出席、不想投反對票，或是刻意要和黨唱反調等等，我覺得這個如果不處罰，將來只會有更大的問題，你不用黨紀去壓，會有更大的道德危機。

所以黨紀處分的背後條件是這個黨有套清楚一貫的價值觀，如果你跳出這價值觀惡搞，人民也會在下次投票時好好處罰你。

王同學：所以立院黨團硬要通過，人民就只能用投票的方法抵制嗎？會不會太晚？或是少數黨還有什麼招可以用啊？

鍾委員：雖然看起來好像是這樣，選上就管不太到，要下次選舉才能處罰他。但我認為這又可以串回去我們前面講的杯葛。你只要想辦法癱瘓議事運作，就有可能產生影響力。

癱瘓議事的狀況很多，有立院之外衝進來的，像太陽花就是；又或者像我們提到的各種議員、委員的杯葛技巧，反正就是用物理性或精神性的方式，讓他們開不了會。

精神性的方法我們好像前面只有講到拖時間喔？其實還有一種方法，就是利用各種溫情攻勢，想辦法分化多數黨的委員，拉一些人過來少數黨這邊。像《勞基法》

攻防戰的時候，就有一些民進黨委員被這種私下的攻勢分化了。

沒有任何一個政黨裡面是鐵板一塊，不可能所有人的想法都相同，大多數政黨都存在派系，有派系，就有會有彼此之間的利益傾軋，黨內鬥爭也遠比黨外鬥爭來得激烈，所以你身為少數黨，想要分化多數黨的話，就要想辦法去結盟裡面的弱勢派系。

像是在同性婚姻的戰場上，民進黨就分成兩塊，一派是強烈反對同性婚姻合法化的，通常是來自中南部的立委，或是信基督教的立委；另外一邊則是比較進步的、左派的，他們會傾向支持同性婚姻。

立委在黨內的意見沒辦法保持一致的時候，會向外去尋求支持，比如說，反對同性婚姻的委員會去找國民黨和親民黨的支持，國民黨大多數都是反對同性婚姻的，可是支持同性婚姻的民進黨委員也會去找國民黨裡面的少數派，還有時代力量來支持。所以這種策略結盟在立院也很常見，不算打破政黨政治啦！

好，再回來談杯葛。一攻就有一防，你用各種方法想擋，那想強行通過的這邊，也會想盡辦法排除障礙啦！第一就是動用警察權，雖然不用警察在議場抬人，可是場外會用警察啊，你想打進立院，沒那麼容易。太陽花之後很多人想衝進去，可是多半離議場還有一段距離就被抬走了。

再來就是協商了，黨團協商是一招，開公聽會是另一招，都可以化解杯葛方。雖然公聽會可以是杯葛者的緩兵計，但也同樣可以成為法案推動者的工具喔！他覺得硬過會引起很大反彈，所以就開公聽會讓大家罵一罵，然後他們還是照過。

如果多數黨非常團結，就是打算硬幹呢？依我身為黨團三長的經驗，所有的杯葛都不會有用，法案還是會過，就看這種過程能不能「變現」成下一次的選舉資本。也就是你有認真打，或是像蔣萬安那樣認真「站」，站很久發言，變成「站神」，或像徐永明卡著主席臺，就會轉變成下次選舉的資本。

像國民黨在前瞻計畫想了很多癱瘓議事的作法，實際上都沒有成效，沒有真正擋下來，民眾也無感，就沒辦法轉換成選票，完全是做白工。他們是到了《勞基法》修法，才真正從裡頭「提出一些款」。

推動立法

一個巴掌拍不響，人多才會好辦事

王同學●●

我想問的是，會過的法案，好像都是多數黨黨中央或強勢派系的政策。那弱勢團體和基層民眾的需求，不就永遠排不到立法嗎？

鍾委員●●

我也認同你這樣的說法哦！雖然我自己就是立委，但也和你有同樣的感覺。我認為有些很迫切需要完成的立法或修法，卻永遠排不上立院的優先法案，像所謂的《宗教法》立法，或者一些婦幼相關法案，老是被執政黨優先法案排擠。

這背後的原因，當然主要是利益考量，還有就是政治最高領袖的個人想法。像蔡英文決定要推什麼，其他人的案子大概就無法超車。你看前瞻計畫很快就排入優先法案，強勢通過，那有些走理念、形象的案子，像同婚呢，就往後排。

就算是黨中央「號稱」很重視的轉型正義法案，也是因為《勞基法》二修過程太難看，才讓卡了快一年的促轉條例快速過關，來緩和支持者的不滿。

雖然這些理念法案是很多民進黨人也很重視的，但依然一直被往後推，就更不用講本黨最重視的《宗教法》立法。《宗教法》的立法過程已經拖了十幾年，但到現在都立不出來，就是因為牽扯到太多利益，即便大家都知道應該監督宗教團體的財務，可惜的是，一直都看不到這個法真正進入院會，以理性、公正、公開的方式進行審議。

所以重點就是在於政治領袖有沒有意識到這法案的價值，如果他永遠都是選舉或利益考量，那有崇高價值的法案就會被一再推拖。如果你關注的議題永遠都排不到優先，那你當然就應該想辦法去說服這些大咖政治人物。

當然也有一批收錢的政治公關是做這種工作的。在立法院附近的辦公大樓裡有幾間政治公關公司，這些公關公司會派人到立院去找立委聊天，目的就是希望他們遊說的法案可以通過，或是利用立委的關係讓某個政府審查的案子更容易過關。

這些公關公司的確有效果，才賺得到錢嘛！但也因為他們都是收錢的，所以有錢人的法案就會過得很快，窮人法案就遙遙無期。不過這就是經濟學嘛，人家花了那麼多時間，花了那麼多錢，當然會產生效果！如果沒有效果的話，這些公關公司早就倒掉了。

俗話說「有錢出錢，有力出力」，你沒錢，就看你在其他的地方願意付出多少。找到正確的施力點，你的付出就會轉換成實質的政治影響力。不只是在立院開花結果哦！像同性婚姻也是長期的立法過程，裡頭有大量的關說，也有金錢的對決，雙方拚到最後，最後一刀也不是立法院這邊補上的，反而是大法官。

那之前的立院攻防沒意義嗎？我覺得那絕對不是一場空。大法官會做出那樣的解釋，當然也是參考這一路攻防下來雙方的論理。路有很多條，最後可能在意料之外的地方開花結果。因此我覺得大家可以嘗試從各式各樣的角度出手，來刺激行政、立法、司法、考試、監察各種權力的擁有者。

陳同學：

感覺好累喔！像我這麼懶的人，就不會想去推動了。大概也因為這樣，所以通過的法案都是我覺得沒什麼意思的。

鍾委員：

哈哈，你們會坐到這邊來，就已經算很關心政治了啦！再努力一點，就可以發揮很大的影響力囉！

不過我認為你們還是應該看一下每個會期通過的法案，因為可以從通過的法條來解讀朝野與民眾的風向。你可能會直覺認為這些法案都跟國計民生無關，不過也有可能是你的日常生活和大多數民眾不同步，你可能活在一個相對狹小的生活領域，所以感受不到法律的存在意義。

其實只要你是這個國家的公民，國家的法律大多就會適用於你，或是會從某種角度影響到你。就像我們最近通過了體育協會的改革方案，如果你不關心運動的話，可能會覺得這跟我有何干呢？

可是運動牽涉到臺灣教育，也會花上很多資源，上到國家級預算，下到一般鄰里建設，它會用到你的稅金，改變你的生活空間，所以還是會跟你相關的。基本上立法院定出來的法律，除非真的是非常細微的，否則總是牽一髮動全身，會以某種方式影響到你。

所以你要更進一步了解政治，看得比平常人還深，就該看一下這些新通過的法律，它到底有什麼特別的用意？或它到底改了哪些部分？

像有些臺北人會覺得前瞻計畫跟自己沒有關係，都是讓中南部蓋鐵道。但如果你今天打算去南部玩的時候，沒有自己的車，你要怎麼到你想去的遊樂區呢？你要怎麼去墾丁呢？搭公車？放你下車要怎麼走？靠 google 嗎？租車嗎？該怎麼租車？你租車可能被詐騙，住民宿也可能被詐騙，像是住到有危險的民宿，那我們需不需要相關法律去規範？

就像之前我們透過立法來限制 uber，現在也要開始抓 airbnb，這些會讓你覺得自己不搭計程車也不住民宿的話，好像就與我無關。但是這些新創事業如果受到良好監管，或許就能成為你外出的可行選項，如果受到國家良好的監管，你就可以安心、放心地使用。

多去了解，你就會發現自己和這個國家的各種連結，找到愈多連結，你就會對政治有更多的理解，也開始能有效表達自己的意見。

還有，你也可以看一下新聞，了解為什麼這些法律能通過，它們通過的過程是怎樣？什麼樣的人對它很熱情，長期去推動它？他們為什麼會這麼熱情呢？

慢慢跨出自己的世界，你會了解政治不只是個人偏好，而是一個公民意識的成形過程，我們在公共領域不斷討論自己的主張，在交換意見的過程中形塑出一個社會上的主流意見，這個主流意見通常就能成為法律，具體影響我們的國家。

王同學：

那要推動自己想要的法案，有沒有比較可行的模式呢？像網路上有很多人，只要碰到事情，就鼓吹網友打給選區立委，這會有用嗎？

鍾委員●●

這有用哦。雖然很多人不信，但我認為有用。身為國民，你本來就可以去找任何立委來表達你的個人需求。

成語有所謂「三人成虎」，也許三個人打給立委不夠，那三百個人打給立委，就算他還是不想聽你的意見，你也一定可以癱瘓他辦公室的正常運作嘛！還是可以造成像杯葛一樣的效果，會有某種程度的影響。但是正面影響還是負面影響，就難講了。

所以除了這樣做的人夠多之外，表達訴求的溝通技巧也蠻重要的。不是說我有這個訴求，立委就一定要聽我講話。立委也是人，人與人有一些基本的溝通禮儀，如果你的態度太激動，或是方法太無禮，他們會把你當神經病看，就更不會理你，甚至更強烈反對你的意見。

所以有時操作方法有誤會造成反效果，像反同的人不斷打給支持同性婚姻的立委，反而讓他們更加支持同性婚姻。

不過一般來講，大多數人的溝通能力都算正常啦，所以如果你希望某個法案通過，就直接打給選區立委，愈多人打，就愈有用。政府申訴專線的原理也是一樣，只要有夠多的人打，他們就一定會感受到壓力，甚至因此癱瘓。

其實這一招就是政治戰術中的超限戰法，你逼對手超過他的運作能量，他就掛了。我舉一個自己的例子。過去我當議員助理，那議員可能反應慢，看起來笨笨的，被某個政府單位瞧不起。

那我怎樣幫議員影響政府單位呢？我不只是安排質詢稿，讓議員上臺講三、五分鐘而已，我改用書面質詢的方式，發公文來對政府單位提出問題，而且我不只問一題，我一次問了五十題。

一次問五十題，就已遠遠超過一個基層局處能回答的量，他們馬上就會當機、癱瘓了。當然你這五十題不能隨便亂提，必須問得有道理、非常深入，讓政府官員覺得這個議員不只是來亂的，背後還有很懂狀況的靠山。

因為每一題都要首長看過才能回文，所以首長自己也會了解狀況的嚴重性，另外，有這麼多題的「作業」要寫，就要動員整個局處加班，因為要寫公文回應質詢，必須要有相關業務承辦人蒐集資料，寫好答案，再一級一級上簽。整個局處都會因此「動起來」。

那要怎麼解決呢？底下公務員就會要首長去向民代屈服啦！問首長可不可以去談看看，要民代別問這麼多，不然正事都不用做了。但民代這樣問是合法職權哦！所以首長多半就會去找民代談，說議員指教的是，我們一定會好好改善，不知道議員還有什麼需要，我們可以全力配合，大家今後好好相處。

這就是以戰逼和。所以這類型的技術很多，就看你怎麼操作，因為任何政府單位都有它處理能力的極限。像太陽花，我又要舉這個例子了，很多人問說，為什麼太陽花那時候政府沒辦法把他們驅逐出去呢？為什麼不能把他們全都逮捕呢？

二十幾年前，我和一些朋友也曾經嘗試去攻打行政院，可是總共只有二十個人，馬上就被三百個警察抬去丟掉；但是今天太陽花是三千個人起跳，你有三千個警察可能都還控制不住現場，有時學生一動員就上萬個人，警察就真的只能站在外面看著你而已。

所以任何政府都有效能的極限，一旦你匯集到夠多的力量，你就可以形成實質癱瘓的效果。我再補充個祕密好了，太陽花當時，連法院高層都曾警告警方，要他們別再把人用違反《集會遊行法》送來。為什麼呢？

法院有審理能量的上限，你一口氣送兩千個人，地方法院哪裡受得了？我只有幾百個法官而已，你送兩千個人，地檢署先問一次，那邊就會先當機，接著是送來法院這邊，那我問案要問到什麼時候？我沒有其他案子要問嗎？你敢送來我就全部當庭放走，那你警察抓了也是白抓。

所以，我們經常講抗議為什麼要人愈多愈好，就是要超越對手的處理能量極限。人多好辦事，這個道理是顛撲不破的。

表達訴求　「選前一陣風，選後無影蹤」？

王同學●●

不過像物價和房價很高，這種很多人受害的民生議題，應該很容易造成民意壓力，可是為什麼好像相關的社會運動都搞不起來，立委看來也無動於衷呢？

鍾委員●●

除了你講的之外，還有最低薪資、失業率，都是影響很大的議題。不過大多數人可能不太會感受到失業率上升，因為我們臺灣的失業率都維持在相當低的水準，真正會失業的話大多數都是主動失業，很少是受迫性失業。

臺灣人在意的，主要還是收入低，和收入低所突顯的物價上漲與房價飆高。就數字來看，在央行二十年來嚴控的狀況之下，物價上漲的幅度還好，頂多就是漲兩到三倍，會讓人感覺痛苦，是因為這二十年的收入都一樣，沒變。

漲得比較嚴重的是你講的房價，房價現在也下跌了，但是離正常人買得起的程度，仍有非常遙遠的距離。我講白一點，我當立委四年的薪水，也沒辦法在臺北買一間三十坪的房子，連十幾坪的可能都買不到，你不覺得太誇張了嗎？

所以即便是政治人物，也能認同現在房價真的是太高了，那為什麼不推低房價法案或政策呢？因為很多政治人物都有收建商的政治獻金，而建商就是高房價的主要獲利者，這些有收錢的立委就會偷偷反對相關改革。

當然政府也不是聽不到百姓的聲音，因為你搞得太過火，幫建商幫得太用力，下次就不用選了。所以他們採用的解決方案，都是比較軟性的方法，像是慢慢推出奢侈稅、豪宅稅去打壓房價，或是蓋公宅與社會住宅，讓大家可以抽籤消消氣。

那在沒有給政治獻金的狀況下，要怎麼促使這些立委去打這個議題呢？最重要的還是人民要充分表達出對高房價的憤怒，但臺灣的高房價通常是局部性的，可能臺北漲得非常高的時候，中南部是無感的，南部鄉親不會覺得這是個問題，因此人民就不會很團結。

我是覺得啦，可能要等那些在炒房的民代把手中物件脫手之後，他們才比較會去認真面對這個議題。我可以告訴你們一個八卦，就是很多縣市重劃區的第一批土地取得者，都是地方的民意代表，也就是政府要從農地或是雜亂的工業用地重劃為住商區塊的時候，你會發現第一批土地擁有者，都是在地民代或他們的親戚。

他們會在那邊坐等土地上漲到一定程度之後再來脫手，也就不會支持土地正義這一類型的議題啦！而且這些人能一重劃就弄到這些土地，也代表他們相對有實力，而有實力的人不支持政策，還站在反對面，現狀就不會有所改變。

但我要強調，他們也不是永遠都勝出，就我所知，非常多炒地皮的地方民代現在因為土地價值下跌而被綁得很死，綁到快出人命，甚至綁到快要開槍了，就是因為他們在最高點的時候沒有賣出去，而臺灣現在房地產走勢已經開始下跌。所以「水能載舟，亦能覆舟」，人還是不要做得太過分，如果你有意從政又想要賺錢，最好還是走一些比較安全的獲利路線。

王同學：

不過就我所知，有一些民代是出來選的時候，就已經有土地正義這樣的政見，可是上了也沒在推，要等到投票再把他拉下來的話，也太慢了吧？有沒有辦法確保立委開的政見支票，一定能夠兌現呢？

鍾委員：

沒有辦法，哈哈。馬英九都做到總統了，不也講說選舉政見不一定要兌現嗎？因為那些政見很多是隨便亂擬的，而且還是助理、幕僚擬的，他搞不好選完了都還不知道自己有這些政見。

這雖然是風涼話啦，但我要強調的是，有時他們的政策沒有實現，真的不是惡意跳票，特別是新人，他選前會開很多支票，上來之後才發現錢不夠，或實質上真的有執行困難，不能這樣做，有違法、違憲之虞，所以他也不見得是惡意跳票。當然惡意跳票的也還是有。

所以選民要怎麼確保他會兌現呢？就持續施壓。如果沒有人去提醒他，他就會裝作忘了這件事。你不找他，他就會把他的精神移去對付別人。對付誰？

就是一直在接觸他、一直找公關公司去遊說他的人。那些人會一天到晚來找他，他當然就比較有可能為這些人來動嘛！不然他的電話就會一直響。如果你真的希望民代的政見兌現，你碰到他就要講，要一直提醒他，不斷 push 他去做，人家就多多少少會動一點。

所以，你希望可以照選舉許諾來執行的話，真的就是要持續施壓，不斷施壓。除了施壓之外，別無他法。不論是對付議員、對付政府單位，原理都是相同的。

政府官員都嘛躲在冷氣辦公室裡面，所以你要去包圍他的辦公室，去那邊抗議；而立委就比較常跑出來，到處趴趴走，你就可以去堵他。像是婚喪喜慶這種場合，民代都會被迫留下來一段時間，這時就可以去找他們溝通。

就算堵不到人，民代也都會開設地方服務處，只要是上班時間就會開門，甚至開到深夜。所以你也可以去那邊表達意見，常去那邊泡茶聊天，坐在那拗他的服務處主任，久而久之他們也會受到你的影響。

陳同學 立委也有選民服務處喔？他們會做什麼選民服務啊？

鍾委員 立委處理的就是和中央政府有關的案子喔！如果有地方類的選民服務，也會往下轉給合作的議員。不過立委的層級畢竟高一點，所以處理的案子規模通常比較大，也就和普通的小市民比較無關。像是經濟部的審查、財政部的追稅等等，幫選民爭取看看能不能有一些空間。

張專員 這是比較「暗黑」的部分啦！我們委員就比較不敢講囉！

鍾委員：

哪有！大家進來這邊都自己人，我都是知無不言啦！整體來講，立委選民服務範圍，就是看行政院的業務負責範圍。

當然我要特別強調，隨著當代民主政治的演化，我們立委的總數雖然已經從兩百多席減到一百一十三席，理論上每個立委的影響力會放大，但因為臺灣民主政治進步，一切愈來愈公開透明或法制化，實質上立委的權力，我感覺好像是不斷在萎縮，現在行政院也通常不會向立委投降或是妥協。

而且現在是行政立法都同一黨的完全執政，所以行政院的預算就比較安全，個別立委不太能綁架一整個部會。相對來說，地方議會可能只有二、三十席，多的話可能會到六十幾席，因為你議員的人數比較少，那每一個民代的影響力就會比較大，所以地方的政府就會比較怕縣市議員囉。

評鑑制度　立委評鑑是什麼？可以吃嗎？

王同學：

我看新聞，立院好像有什麼評鑑制度的樣子，那個有效嗎？怎麼我覺得那些分數很爛的立委，都能一直卡在位子上？

鍾委員：

評鑑不會是立院自己辦的，立院只有紀律委員會，是用內規來處罰人的。至於外頭當然有很多民間單位在評鑑委員囉，比較常見的是「公督盟」，他們會固定建構立委的量化評鑑數據，不過標準也都會引起一些爭議，像是太偏重會議中的表現，比較沒看到選民服務或是在場外的協商付出。

因為立委執行公務的時候，有許多部分很難由量化角度看出來。有些立委經常在提案，不但提出很大量的案子，質詢也是無役不與，但是問政的內容亂七八糟，根本是三寶等級。大概二十年前就有立院三寶，他們離開之後，又有一堆新的活寶，這種三寶就是代代有人出，總是有人隨便亂問政。

公督盟當然想要力求科學、客觀，無可厚非就必須走量化指標，但是量化數據沒辦法完美呈現質性成果的部分，所以公督盟雖然找了很多內行人來評，來補強這個部分，但總會有美中不足的地方。

當然完全都不出現的委員、量化數據很差的，的確多數是比較爛的。有些區域立委他只想顧好地區，根本就不來議場問政，但他服務做得好，怎麼選怎麼上，你能說什麼呢？

所以評鑑很差的民代為什麼還在位子上，就是因為他有顧好選區。大多數選民投票並不是根據在立院問政的表現，而是這個傢伙能不能實現我的政治利益。如果他很努力去實現選民的政治利益，他當然就會當選。

每個選民對於政治的想像都不一樣，你可能想要臺獨，他可能想要統一，有些人認為是要轉型正義，有些人是要司法改革，但有些人就是希望我家前面的馬路平一點。雖然馬路平不平，不是我們立委的工作，但你可以轉介議員，然後把這成果當成自己的政績。

所以總是會出現一些地方利益導向型的立委，國家的錢就是要搬回去自己的選區用，因為有票嘛！我的選區苗栗就是這樣啊，才不管你什麼司法改革，就是要造橋鋪路，搞一堆有的沒的蚊子館建設。

所以說，與其去改變立委，不如去改變民眾，這自然是段漫漫長路，你可能需要大量的公民教育。臺灣在基層的公民教育已經做得不錯了，四十幾歲的大叔要是看到現在公民教育的內容，一定會非常感動，因為現在教了許多重要的民主概念。學生有沒有學進去？不知道，但是總比我們當年還在學三民主義要來得好囉！

這個改變需要時間，而許多立委是來自比較鄉下的地方，那邊絕大多數都是年紀比較大的人，他們對民主的認知程度當然就不如都市地區的水準，所以這個改變必須要慢慢來。

可能要等老一輩慢慢過世，或者是調整選舉區劃，才有辦法降低他們的影響力。臺灣在立委的席次減半之後，出現一個很詭異的現象，就是很小的地方行政單位，依然可以享有一席的立委，像是馬祖、金門，他們的人口甚至比不上臺北的幾個里，卻還是享有一席立委，而且這些地方又有人口結構老化的狀況，可能會選出一些民主政治理念比較「原始」的立委。

這些人在立院就會引起一些爭議，問政內容偏向在地，或是他傳達的意識形態充滿歧視。如果你選區重劃，這些人可能就選不上，但那些偏鄉離島的民意，也很可能因此就被忽視了。

為什麼金門、馬祖需要有一席立委？因為他們如果沒有立委席次，選區併入澎湖，甚至連澎湖都併入高雄，老實說大概就不會有什麼人鳥他們，他們大概也拿不到什麼離島建設基金，會愈來愈邊陲，處境也會愈來愈可憐，我也不認為這是民主政治應有的狀況。

所以，怎麼適度保持他們這些區域的利益，另一方面又能讓立院的結構呈現出民眾真正的意識形態分布？這有很多操作的手法，像是一直有人主張臺灣應該要學美國改成兩院制，就能在保障偏鄉權益之餘，又提升問政品質。

美國分參眾兩院，很多國家也有上院下院，上院原則上會比較接近臺灣現在的這種保障席次，就是一級行政區至少都會有一席的上院議員，下院才是照人口比例去劃分選區。臺灣要走這條路，並非不可行，可是臺灣直到現在都還是有立委持續減量的主張，民眾多半認為立委都是米蟲，所以要推兩院制的難度很高。

就民主政治原理來說，一直減立委席次是有點反智的，你立委再變少的話，只會再度強化這種邊陲選區的影響力。大家只是單純討厭立委，卻沒有發現自己真正討厭的其實不是立委，而是缺乏民主政治認知的人，這些人才是造成民主政治失能的重要原因。

陳同學：

只要出席率高、發言多，就算發言很蠢，至少也算是有在認真上班吧？

鍾委員：

嗯……應該是這樣講，出席、發言次數是一種標準，卻不是唯一的標準，你人至少有來、有講，就算是滿足低標，但滿足低標的人很多，所以這也是沒什麼鑑別力的。

我前面也說過，完全沒有出席、沒有發言的，那就要好好做選民服務，這樣至少可以勉強和選民交代一下，但你在另一種標準中的確是失職，這點你也要承認。

除非你像王金平一樣輩分非常高，不然你最好要來質詢。王金平就任以來好像只發言過一、兩次而已，出席的次數更少，他幾乎都是坐在辦公室裡面找人家來，或等人家來跟他談。這也算是一種選民服務啦！而且有時候國民黨出包，還是要他去找柯建銘喬。

陳同學：

那出席率高、發言次數也多，又要如何區分高下？

鍾委員：

就要看他的問政內容是不是有深度，是不是真的了解法案或政策的精神，是不是熟悉議事規則和技巧，還有是不是能體現該黨所堅持的意識形態。這樣講好像很學術哦？其實很多媒體記者也會被騙，要看出其中奧妙，沒這麼簡單的。

我必須要吐槽一下同事啦，有些委員雖然出席率很高，發言次數很多，可是都在問一樣的問題，問不膩的，或是一聽就知道是在幫人公然關說的。

雖然普通人或小記者乍聽之下聽不出來，不會感覺有什麼問題，甚至會覺得他的問政還不錯，很有深度。但如果你連續聽個兩、三年，真的會受不了這種人——那又要怎麼淘汰這些人呢？

就是選民要有政治知識，能看出問題所在。所以，一方面改變立法委員，另一方面改變選民的素質，從事更多民主深耕的活動，像開課程之類的，這種努力很必要，做了不見得有成果，但不做一定沒效果。所以我非常鼓勵都市年輕人下鄉，具體去接觸和改變地方選民，臺灣的政治才有希望。

啊，你們下一場是許執行長嗎？她出來了耶！她前一場應該已經結束了，我幫你們叫她過來！

欸！文膽！膽膽！妳下一場在這邊哦！

許執行長：海膽啦！現在哪有人講什麼文膽。你們換場不用休息的哦？

鍾委員：我們許執行長是前總統的文膽哦！現在是我們國家政策基金會的執行長，就是我們智庫的老大！

許執行長：讓他們先休息一下啦，一場接一場是怎樣。

鍾委員：這樣我才跑得掉呀，不然這一組太會問了。

第四堂 攜手前進，共創未來，認同請分享

——中央與政治高度

許執行長：兩位要不要吃點東西？邊吃邊聊吧，你們應該很累囉！那些男人都搞不清楚狀況，一講都是一、兩個小時的。

張專員：有啦，何老大剛剛有讓他們邊吃邊聊。

許執行長：不過你們前兩場都已經是很有經驗的老牌民代囉，我還有什麼可以幫忙的呢？

張專員：兩位同學有問題可以盡量問哦！我們許執行長是黨內全力培養的明日之星！對各種國家政策和政治安排都很熟，大家都說她是本黨的蔡英文，十年後的總統！

許執行長：不要亂講啦！我現在就只是被發配邊疆的打工仔而已。

王同學：許執行長以前是在總統府服務嗎？

許執行長：小祕書而已，換黨執政就出來囉。然後我也換黨來到這邊，哈哈。

總統權責　總統平常到底都在做些什麼？

王同學：

不好意思，我想問的是，我小時候好像有看過什麼總統交接時資料沒有交接的新聞，那件事情到底是怎麼回事啊？舊總統可以說我有些東西不交接給下一任嗎？

許執行長：

嗯，你問的這個個案，我也不知道真實狀況是怎麼樣，但原則上前任總統除了自己帶進府內的財產，其他涉及公務的部分，都要交接給新總統，就算要丟掉，也要讓新總統知道丟了什麼。

特別是一些機密的檔案，就是針對國防、外交上的那些，因為臺灣的國際地位比較特別一點，所以這領域有非常多的機密是無法公開的，即使是總統當選人，可能在真正上任前也不知道，要等到交接完成之後，才會知道這些機密案件已經進行到哪裡，之所以不能公開的原因又是什麼。

不過你們也知道，除了國家機密之外，還有一些就是總統個人的政治機密，像美國也有水門案嘛，就總統竊聽他競選對手的事。臺灣有沒有這種事呢？應該有。那這種事前任會交給後一任嗎？當然不會。

所以囉，還是可能有東西沒交接的，最後就告來告去啦。

王同學：

對了，之前大法官同婚釋憲的時候，有總統文膽出來說他們事前不知道，所以準備兩份講稿，一份是不違憲的，一份是違憲的。我想問的是總統府有可能事前不知道嗎？總統不會伸手去喬釋憲的內容嗎？

許執行長：

真實狀況我不太清楚，像這種權責上不應該管的事，除非大法官主動告知，否則總統府也不方便去問。而且釋憲案真的太多了，總統本來就不會包山包海什麼都管，他的工作量也是有極限的。依我對府內運作的認知，如果總統府真的不太能掌握事態發展，他們的確會準備兩份文稿，以策安全。

近年釋憲加速推出的情形非常明顯，很多法界的人都在諷刺說大法官每週都在寫作業，出「週記」。當然比較有感的是要考律師、司法官的人，他們要注意最新的釋憲案，並且了解其中可能考的部分。

大法官的地位很特殊，他們是由總統提名法界的賢達，經由立院認可而成為大法官。因為總統提名的關係，大法官個人當然可能和總統有私交，也可能會透露給總統知道；就算總統不干預，大法官也不講，仍可能會揣測總統的心意，做出比較偏總統意識形態的解釋。

所以你說總統府到底知不知道，我只能說有機會猜出來，但應該沒辦法直接掌握。我想臺灣連續三任總統都是學法出身的，學法出身的人對於大法官的地位都非常清楚，這是個不能去指示或喬的單位，有其神聖性。

陳同學：所以大法官到底是做什麼的呢？講得很崇高，但又是給立法委員選的？

許執行長：大法官對於一般人來說，真的是非常遙遠的存在呢！簡單來講，最常見的大法官職權，就是解釋憲法。

立法院定出法律，可是在執法的時候，可能會有一些認知上的爭議。雖然人人都可以對法條進行解釋，但大家對法律的解釋可能有不同的看法。如果我們之間有完全相反的看法呢，像我覺得有罪，你覺得無罪，就會告上法院。

到了法院，就由各級法官去做出判決，他們等於是解釋法律的權威。如果各級法官在解釋上有疑義、有衝突，不知該怎麼辦的時候，通常就是憲法層次的問題了，那就會由大法官來進行統一的解釋。也就是說，大法官的解釋是最高位階版本的法律解釋，所以各級依法行政的行政人員，都必須接受大法官的見解。

雖然大法官的任命需要立法委員同意，但原則上總統都是挑法學立場上他能接受的法界大老出任，所以他們的知識能力都有一定水準，是可以信賴的哦。

陳同學：

對了，像這種最高層級的職位，我們平常都看不太出來他們在做什麼耶，除了行政院長和立法院長比較常看到有在做事，司法院長就比較看不出來，還有總統，平常到底在做什麼呀？

許執行長：

司法院長也是大法官之一哦。剛剛說大法官是遙遠的存在，但總統也是很遙遠呢，就算選上之前很親民，選上之後也會隔著層層疊疊的警衛，就是國安特勤，他們會把民眾隔開。所以就算你能看到他，也是遠遠地看。說來你可能不相信，我以前在府內工作的時候，在電視上看到總統的次數都還比看到真人多。

因為離太遠了，人民可能會懷疑總統到底是做什麼的，好像只是個神主牌供在那裡。這是因為臺灣的憲法比較特別，採行的是特別的總統制，也有人說是雙首長制啦。

這種制度比較模糊，總統又比較不受監督，所以一直有聲音說是不是要改成內閣制，就是國會選贏的多數黨出任閣揆，又或是改成真正的總統制。但因為這都要大幅修憲，許多人就會進一步主張，乾脆定一部新憲法，進入「第二共和」。不過臺灣如果要立新憲法，中共鐵定會大力反彈，甚至開戰，因此在沒有急迫性的狀況下，這項調整就一直拖了。

現行制度奇怪的地方很多，像是總統雖然是全國選出來的行政首長，不過他把多數行政權力交給了行政院長，自己只保留國防與外交。雖然看來只有兩件事，可是在臺灣，這兩件事就有得忙了，除此之外還有跨院協調，甚至行政院的一些政策方向，總統經常也要花時間處理。更不用說臺灣的總統通常都兼黨主席，還要忙選舉的事呢！

對多數總統來說，他們最傷腦筋的事大概就是找一個信得過的人出任行政院長，來推行他的理念。因為會做事的人很多，但信得過或合得來的很少呀！行政院長因為拿走總統的大多數權力，做得好，可能功高震主，下次就跑出來選總統了；做不好，發生一、兩個大案子就會被逼下臺，總統還要另外找人，也是很麻煩。

像蔡英文與賴清德的狀況，就是一種巧妙的結合。因為派系不同，他們理念上不見得合拍；但就是因為派系平衡考量，才會把賴清德拉上來。如果賴做不好，這「敵人」、「對手」下次就不用選了。依臺灣過去三十年的歷史，行政院長愈做氣勢會愈衰，因為這個缺真的不好做。那明知山有虎，賴清德為什麼要做呢？因為他要選總統前，市長任期會結束，他要卡一個位子來保持自己的政治能量。

不過也因為大部分的政務都交給院長，所以會導致總統好像都在出席不痛不癢的剪綵場合，還有就是接見外賓，因為外交權是總統的。有時一天要見五、六組外國訪客呢！

此外就是去視察國軍，你們應該有印象看到馬英九、蔡英文穿西裝，戴個鋼盔在那邊跟國軍講話吧?那畫面蠻好笑的，但因為國防也是總統權，他身為三軍統帥，當然應該去看一看。

這些比較浮面的儀典工作，大約占總統日常業務的一半左右。另一半就都是在開會，像是國家安全會議，就是從內部的國家安定到國際局勢都會討論到。這種國安層級的業務蠻繁重的，許多是連大部分祕書、幕僚都不能知道的最高層國家機密，那總統就要自己處理囉!像是跟他國元首的互動，以及與國外軍事組織的情報交換等等。

所以各位不要只看到總統飛過去一些小國參訪，接受軍禮歡迎，和對方元首握手講話，捐給他們多少錢，就以為這是外交的全部。事實上這些國家領導人和軍事領導人之間的密切交流，是表面上看不出來的。

不過我想會有這麼多的祕密，可能也和憲法的設計有關，因為總統不用去立院接受質詢，也就規避了立院的監督。雖然這會出問題，像是前總統就因為這樣在海外有些問題金流，但因為臺灣國情特殊，所以不得不有這樣的安排。

幾年前也有立委是不是匪諜的爭議啊！所以你把總統綁在立院，要他講出國防與外交的細節，雖然一定程度上可以避免人謀不臧，但更可能製造出更大的危機。畢竟臺灣的國防與外交有很多見光死的部分，基於保密的需求，基於一些見不得人的軍事交流，還是保持這種特殊的總統制會比較ＯＫ吧！

抗爭申訴　比起攔轎申冤，找到對的鑰匙孔更有用

王同學：

我比較想問的是，雖然總統權是這樣，但是最近幾年，大家也可以看到愈來愈多團體去總統府前抗議，從民間團體到政黨都有，像時代力量之前也有在總統府前淋雨嘛！這樣做有用嗎？感覺起來總統好像永遠都不理人。或者說，那不是他的職權呢？

許執行長：

我突然想起蔡英文之前講過的話，引起非常多的批評。她一開始是說，你如果對我講話，我沒聽到，你可以大聲一點，還是沒聽到，就再大聲一點，如果我還是聽不到，那你可以拍桌子。但隔了一段時間，因為抗議太多了，她又改口成如果她已經聽到了，就不用那麼大聲了。

很多人說這是幹話啦，但我覺得也不是沒道理。太多人要找總統表達訴求了，喊得大聲，抗爭猛一點，當然比較容易聽到，但明明聽到了，還在那吵的，的確是有點煩。因為不是聽到了，就能立刻因應你的要求做出反應。

大多數的民眾可能是《包青天》看多了，以為「攔轎申冤」有用，認為直接去最大咖的人物面前講自己的事情，就能立刻獲得處理。但你的案子可能不是總統能處理的，可能只是縣政府的案子，或直轄市的案子，或者某個部會的案子，總統是管國防、外交、兩岸的，你的案子是國防、外交、兩岸嗎？總統是可以協調沒錯，但因為他多半不能直接管，所以就算他想幫忙，也會花一段時間。

總統就算拿到你的案子，也認同你的苦情，但因為職權關係，他還是只能交給下屬去轉發。所以，找到真正對的孔，把鑰匙插下去轉動，這才是操作政治機器的正確方式。

因此不要以為去找最大的人抗議才有用，除非你跟他很熟——不過你跟他很熟的話，直接打電話就好了，幹嘛攔轎申冤？如果你真的有某種政治上的需求，有某些意見要表達，有一些案子要處理，不論是通案或個案，都請你稍微研讀一下政府組織的基本結構，找到真正的承辦單位，直接去找他們。各級政府也有單一窗口，比如說一九九九，他們也會想辦法幫你分案到正確的單位去。

雖然有時候的確會分錯啦！因為你的案子很特殊，接案的人沒看過，所以分錯了，但因為你也不知道怎麼分，所以就當個經驗囉。分錯不要緊，繞來繞去，總是會繞回正確的路；多試幾次，總能找到正確的洞，把正確的鑰匙插進去，還是可以追上之前落後的進度。

依我個人的經驗，雖然政府有一套依法行政的邏輯，但如果你的案子真有道理，一定可以說服旁人來支持你，就有機會造成改變。那如果沒辦法說服旁人呢？我個人認為，你還是應該先檢討自己，看你的政治認知是不是有些問題，因為政府不只為你個人服務，要看你的訴求真的符合公益原則嗎？為什麼呢？

因為以前待過府內，我們經常碰到一些「老客戶」，就是老是在找總統的陳情者，都是固定的那一批。政治圈的普遍認知是，這些人多半都「怪怪的」，他們往往過度擴張個人的意見，而且很難接受別人的建議。他們總認為自己想像的就是事實，法律必須照他們的角度來解釋，政府也應該配合他的訴求，因為他的權益受到侵害。

我不能否認，一百個這種陳情人裡面，可能真的有一、兩個是被過去政府遺漏的受害者。像江國慶案，江國慶的父母當時的確是叫天不靈，叫地也不靈，可是經過家屬長期的說明與努力，終於慢慢說服旁人，最後有些社會賢達察覺這案子不對勁，跳下來幫他們講話的時候，就可以快速翻案。

所以我個人認為抗議本身並不是重點，重點是持續講道理，還要愈講愈好，讓別人願意傾聽你的意見，甚至加入你的陣營，最後就能把自己微小的力量擴大成一種新思潮，不只改變自己的處境，甚至改變整個國家的發展方向。

陳同學：所以執行長您是比較反對走抗爭路線嗎？這和前面其他長官講的有點不太一樣耶！我爸媽反對我搞政治也是覺得都在走街頭不好，社會會變得很亂。

許執行長：我不是反對抗爭喔！我是反對沒有計畫、沒有提升的抗爭手段。

當然，如果是四、五十歲，有穩定工作的社會階層，像你們父母那樣的，通常都會比較反對抗爭或社會運動，但我還是要幫這些團體講些話，雖然我覺得他們提升的速度有點慢，哈哈。

臺灣大多數的抗爭，都不會讓社會變得更亂，我認為還有助於社會恢復穩定，一方面可以藉此洩除社會衝突的心理壓力，另一方面也可以促成社會對於不正義體制的修正。

民眾會感覺現在抗爭很多，造成社會很亂，我想大概有兩個原因。第一是抗爭者想要宣傳議題，所以他們會拚命誇張化他們的實質影響力，但很多抗爭是只有三到五個人在那邊舉牌，到場的記者還比抗爭的人多。

另一個原因，是被抗爭的一方想要抹黑抗爭者，所以往往會誇大抗爭的暴力效果，讓你覺得整個臺灣都被炸掉。但這些抗爭，真的對臺灣社會產生這麼嚴重的影響嗎？

就算是最大規模的抗爭，像太陽花或洪仲丘案，影響範圍通常只是集中在臺北市的一到兩個區，比如行政中樞的中正區。而且他們也不是癱瘓整個中正區，頂多就中正區的四分之一而已。就算號稱二十萬人上街頭，也不是二十萬人同時在街頭，可能只有八萬到十萬人。

會誇大人數，主要是想製造某種媒體效果，逼迫政治人物倒戈。因此這些公民運動、社會運動的能量經常會被過度誇大。我想其他長官應該告訴過你們這事的判斷標準吧？只要基本建設運作正常，就代表國家沒有在亂。

張專員

我有講過路燈不亮這標準。

許執行長

對，就是這個。真正失能的政府，沒辦法保證基本建設的運作，像是自來水打開卻沒有水流出來，或突然斷電、垃圾沒人收、火車不跑。只要抗爭沒造成這樣的狀況，那事情就還是在控制中。

當然，就算出現上述的狀況，也請你們不要驚慌，還是可以關注政府的復元速度。其實政府還蠻常失能的喔！就是停水停電、沒人收垃圾、大眾運輸停擺。想到了嗎？

哈哈，你們大概是想錯方向了，所以想不出來。颱風就會造成這樣的癱瘓啊，當然像九二一那種大地震也會，不過政府也都很快就恢復運作了。透過這些事情，你可以了解臺灣沒那麼脆弱，就算抗爭吵吵鬧鬧，但即便是太陽花，也連颱風的水準都還不到呢！颱風來的時候，市場會沒東西買，物價還會飆高哦！但太陽花可沒有這種效果。

所以看待事情，應該要回歸真實生活。抗爭並沒有那麼嚴重，自然災害才是我們更該認真面對的政治難題。到現在為止，各政府在碰到災難時還是常常捉襟見肘，窘態畢露。

我認為正好可以透過這個標準來反思，到底什麼是政治人物應該做的事情。雖然大家現在區分政黨都是用意識形態來分，這些理念也值得爭取，但應該要放在最遙遠的地方，當作終極目標去努力；政治人物真正該做的，是維持正常的社會運作，控制物價，創造工作的機會，讓每個國民早上起來的時候，都能相信世界還是會像昨天那樣運轉。

所幸不論黨派，臺灣大多數的政治人物都知道這一點，所以你會發現中華民國就算看起來再亂，有時總統還像個廢物，立法委員都在吵架、打架，但你每天早上出門時，紅綠燈還是會正常運轉，交通警察會站出來指揮。這一切都屬於一個龐大的制度體系，依然穩定運作，穩到連你都忘了它的存在，但這就是政治啊，真正的政治。

權力分配 為什麼說「臺灣太自由」？

陳同學：不過除了抗爭之外，我想我爸媽的意思是，臺灣現在會亂，就是因為太自由，許多原本不能做的事，現在都可以做，所以會有人心不安的感覺。

許執行長：嗯，我懂，這就是「臺灣太自由」理論嘛！哈哈。這已經變成我們圈內的笑話了。類似的態度或說法還有一種，就叫「臺灣太民主」。

有些經歷過戒嚴時期的長輩，他們認為臺灣現在太自由，社會上才會有許多光怪陸離的現象。當然也有年輕人認為臺灣還不夠自由、還不夠亂，才會死氣沉沉，大家都做同樣的工作，沒有未來。

認為臺灣太自由的這些人，我就稱為保守派。保守派總是認為要維持現狀，甚至應該復古，回到過往的舊體系才是好的。他們之所以會這樣認為，也不是有什麼理論基礎，單純就是他的利益會被新社會、新體制所剝奪，他的社會地位下降了，財富減少了，保障沒有了。在過往的穩定結構中，他可以一直過好日子，而現在的狀況不夠穩定，他就沒那麼好過了，因為他可能被迫要離開制度的保護，出來參與競爭。

認為臺灣還不夠自由或不夠民主的呢？就是改革派了，改革派認為現在的體制沒辦法真正體現出社會正義，還在保障一些有道德爭議的既得利益者。那政治人物應該怎麼看？站在其中一邊，想辦法成為他們的領袖？

我認為政治人物應該先體認到一個事實，就是每個人都會有自己一套關於分配的正義觀點，因此這不會有標準答案，但政治人物應該去解讀這個社會的主流認知是什麼。

比如說現在在領退休年金的人，會希望維持他的年金，甚至領更多，那他的正義就是多發年金給他；可是對於正在交錢給老人領年金的年輕人來說，會覺得我繳的太多，跟我將來拿到的不符比例，而且將來輪到我領的時候年金可能會倒掉，這是一種不正義。

年輕人會嘗試發動抗爭，或透過選舉來扭轉現有的權力分配；一旦年輕人取得較多權力，他就可以推動立法院進行年金改革，剝奪老人現有的利益。

那老人可不可以再搶回來呢？當老人嘗試去說服更多人站在他的陣營，下次的選舉就有機會再翻盤，再去修法，讓老人可以領到這麼多的年金。

要是更仔細觀察，你們會發現其中並不是截然二分，還是會有些覺得自己與這些爭論無關的中間派，他們會成為鬥爭結果的關鍵影響者。這就是我認為政治人物應該去解讀的主流認知，他們要確認在吵鬧的雙方之外，其他民眾是怎麼看這個狀況的？

這種為了錢而鬥爭的狀況會一直持續，政治人物能做的或該做的，就是讓這個流程盡量平滑、柔順。許多年前，華人社會開始進行各種政治的改革，當時就有很多既得利益者會覺得我們是貴族，為什麼要釋出土地或權力給佃農呢？

佃農自己沒錢讀書，為什麼要交稅給他們讀書？他們自己要努力嘛！但當佃農過得太可憐了，就會爭取到中間派的同情，他們就有辦法推翻貴族的統治，推翻這種封建階級，而出現民主政治。而民主政治也會愈來愈深化，本來只有男人有權利，後來變成女人也有權利；它也可能會擴張到比較年輕的階層，把投票年齡不斷往下修。

很多國家已經將投票年齡修成十八歲，也有國家修成十七歲、十六歲，甚至也有國家是十四歲的，原因就在於隨著愈來愈多年輕人察覺自己的需求，也能具體展現政治權力，中間派就會願意讓他們分享權力、分享利益。

所以既得利益者如果真覺得環境很亂，就要想辦法說服更多的人。而怎樣想辦法說服更多的人，那就是政治技術囉，絕對不是抱怨「臺灣太自由」這麼簡單。

一個真正有效率的民主體系，會加速這類溝通的速度，減少社會不安定的因子。因為暴力行動的確會造成一些損失，有效率的民主政治會快速把民意體現成實質的立法，快速修正不公平的資源分配形式，把亂世盡量縮減，並維持一個能自我修補的制度體系，這就是臺灣目前正在追求的目標。所以上街頭走一走，最後許多人還是會回到體制內來努力的。

另類路線　民代助理與非政府組織也是一種選項

王同學：所以如果要參與政治，但不走參選或抗爭路線，要走這種說理的路線，要怎麼做呢？像是ＮＧＯ這種非政府組織，或者是走像您這樣的助理、幕僚路線，一路做到可以參與黨的決策，對沒有背景的年輕人來說，也是可行的嗎？

許執行長●●

我認為不只可行，現在這條路更是愈走愈寬囉！但也不是一片坦途，因為你就是沒有背景和資源出來選，又不想上街頭衝撞，才會走這條路線，所以你也該在其他地方付出相對的成本。

像是走助理路線，民代助理的確是普通人進入政治圈的好方法，不過助理工作環境通常蠻差的，不但是責任制，就算是碩士學歷，很多人月薪也就是兩萬五而已。因為民代會覺得你是對政治有興趣而進來，也沒有打算做很久，就是來過水的，所以會給很低的薪水。這也代表投入這個行業的人多數是相對有熱情的，不過一旦熱情消退，就會離開。

助理可以分成法案助理和服務處助理，但做服務、跑選區，通常需要有點社會經驗，或個性適合，你一個大學畢業生進去裡面，多數是擔任法案助理。你可以接觸到大量議案，這些議案包括法案和預算案，在研讀的過程中，你可以了解政府運作，像公文怎麼寫？政府官員怎麼思考？

這種知識會是你接下來選擇發展方向時的重要養分，你會知道自己適合哪個領域，還有最適切的角色是什麼。也許可能助理做一做，就有機會出來選舉。但我認為法案助理如果無法在「熟成」之後轉為服務處助理，就不太可能轉跑道去當第一線的政治人物。

服務處助理，也就是俗稱的外場助理，他們才有機會在工作過程中慢慢把老闆的人脈和資源變成自己的，然後取而代之自己出來選，或是受到更高階者的重用。如果你只是一個法案助理，就只能看老闆會不會賞識你，在退休時把江山留給你。

大部分的民代都仍然傾向培養他們自家人，像是自己的小孩，或是其他同派系的新人。所以法案助理只是政治專業知識的捷徑，如果你要成為「人中之龍」、「起兵做亂」，還是要接觸選民，去練習做點服務。

當然這非常辛苦，你可能一天到晚都在婚喪喜慶場子中講話、敬禮等等，它是一個不斷損耗自我的過程。我的建議是，你在折損熱情的同時，也可以在這個過程中努力提升自己。你必須認知這些吃吃喝喝的過程、去敬禮的過程，並不只是為了吃喝，也不只是為了敬禮，你是去認識人的，你是去了解誰強誰弱，誰又和誰熟識，誰有來、誰沒來，現下又有什麼樣的民意。

這樣一來，這個接觸地方的過程，就不會只是件無聊的苦差事，你能把苦差事變為有產出能力的流程。我們過去當助理時，雖然老闆是要培養我們當法案助理，要寫新聞稿，可是他也會先把我們丟到選區，從經營地方組織開始學，讓我們先接觸活人，理解活人的訴求是什麼，之後才能把這種意念轉換成具體文字，轉換成政治主張。

我認為法案和服務經驗都很重要，但是，如果你真的有志於政治的話，就算不自己選，也要兩方面都歷練過，才會比較健全。這歷練期我認為至少要一年，因為政府會計年度是一年，要一年才能完成一個政治圈的生產活動週期。如果能當法案助理一年、選區服務助理一年是最好了。

另外一個機會是非政府組織，就是NGO。如果你想投入NGO的話，狀況也不會差很多。我們經常講國內的NGO都是B-I-N-G-O，悲哀NGO，不是在做志工，就是錢很少，而且一樣有嚴重的超時加班問題。更慘的是，你的工作內容可能一天到晚都在接觸負面的人事物，看到的都是社會最悲慘的一面，到最後可能會有厭世的傾向。

有在ＮＧＯ的經歷，就有機會認識許多同樣在ＮＧＯ圈子裡面努力的公民運動者、社會運動者，你同樣可以累積人脈，但是這個人脈無可避免會有同溫層的問題，所以也不宜久留，你大概還是混個一、兩年之後，就要轉進其他的領域。

我們最近才在講，與其一直留在非營利、非政府組織，最好還是要進到一些營利事業，去接觸一下經濟運作的真實模式，否則如果你一直留在ＮＧＯ，或是一直留在法案助理的層次，可能會變得太過左派，對於經濟、財務的想法可能都是脫離現實的。

我認為這樣的發展會太偏，你還是應該回歸社會運作的常軌，因為真正撐起整個國家運作的是大量的營利事業。了解營利事業運作的原則，掌握企業主的想法之後，你才能在ＮＧＯ左派的想法與右派營利事業的意見中取得平衡。

所以你必須經過完整的歷練，當過法案助理，也混過地方；有左派的理念，也看過右派的世界，才能用比較平衡的角度來看待這個國家的運作。我認為這種政治人比較健全，不論他屬於什麼意識形態，態度也都是比較健康的。

就算要回頭搞選舉，這種人也比較容易勝出。如果你們打算將來走選舉路線，那我有個建議。愈小的選舉當然是愈好選，因為如果選區愈大，「物理傳播」所需要的能量就愈大，你要投入的物資、時間也就愈多，對你個人的消耗也會愈多，所以還是應該從小選區出發，像是里長、鄉鎮市代，或者是地方議員，我覺得都是比較好的起跑點。

王同學：

可是好像很多NGO都是屬於特定政黨了，像是外圍組織一樣，所以是不是不能選錯家呢？

許執行長：沒那麼嚴重啦！也不是去綠的工作之後，就不能換去藍的。有些社運或公民運動團體的確經常會跟特定政黨走在一起，你當然可以說這些公民團體可能是外圍組織、附屬組織或附隨組織。像國民黨被不當黨產委員會追殺的時候，就會有很多黨營NGO一起被抄家。

有些政黨原本就是社運或公民團體發展出來的，像時代力量現在的主流派系來自島國前進這個團體；也有反過來，從政黨分出去的，像民進黨就有很多人出去開社運團體，就是特定派系的打手。你要說這些團體是外圍組織，我倒覺得它根本不是外圍，是「內圍」組織啊！它就是等於分店，或青年軍這類的群體。

但有一些團體，雖然可能有政治上的顏色，但依然是獨立的存在，也不見得是什麼黨派成立的，就因為領導者跟國民黨或民進黨的人比較熟識，所以組織也會配合黨的活動，當國民黨、民進黨提出一些政策的時候，他們會過去幫忙站臺。

那你要說它是外圍組織嗎？我也不太認同耶，因為他們可能只是在議題上面合作而已。他們會在某個領域合作，比如婦幼議題、環保議題，不過一旦離開這些領域，他們可能就不會理你政黨的動員。有些團體甚至會在某些議題找國民黨合作，某些議題找民進黨合作。

我建議觀察NGO的時候，還是聽其言、觀其行，它有沒有公信力，就是看它做過什麼樣的事情。它當然可能拿自己的公信力去為政黨宣傳，可是這並不代表團體本身就有收過政黨的好處，如果它做了錯誤的政治判斷，這個社團的影響力也會下降。

過去這二、三十年，我看過許多聲譽卓著的社會團體，在經歷一系列的政治錯判後，影響力迅速走下坡。像是一些宗教、慈善團體，之前就不斷出來幫特定政黨助選，如果昧著良心說話，那它們的公信力與影響力也會不斷下降。

所以政治這種事情，不論你原來是哪個專業領域的人，重點還是你到底有沒有認真做你熟悉的事，你講話是不是摸著良心。你做個好人，好好做人，就會產生政治影響力，你惡搞，影響力就會下降。

這都要長期來看，一方面不因人廢言，也不要以一時的表現來判斷長期的發展。這些NGO經常在出現人事更迭之後，產生非常明顯的質變。你們要投入這個圈子，就應該了解這個事實，心中預作打算。

政治冷感 你是對選舉狂熱還是對政治狂熱？

陳同學：我要自首一下。我會來報名這個實習，是因為幾個月前看到宗教團體在發動罷免案和公投，覺得非常不爽，所以才會想要來政治圈看看。可是經過這段時間，我感覺自己好像沒那麼激情了，今天聽了很多長官的說明，甚至會開始覺得冷感。這樣是正常的嗎？或者說是對的嗎？

許執行長：為什麼會不對呢？要對自己的真實想法更有自信哦！我覺得妳這樣的態度轉

變，反而代表妳在成長。政治本來就不是只有激情路線，更多的時候都是非常無聊的日常業務，妳會冷靜下來，代表妳已經看出這一點了。

不過臺灣人的確很容易被選舉牽動。過去臺灣的選舉非常多，所以大家總是感覺一年到頭都在選，年尾選完年頭又選，隔半年又再選，就造成臺灣人對政治很熱情的錯覺。

其實臺灣人現在對政治比較冷感了，我認為是由於選舉集中辦理之後，大選間隔期拉到約兩年，如果以競選總部運作半年來算，在兩次選舉之間，就可能會有長達一年到一年半的空窗期。

因為政治人物沒在衝選舉，民眾當然會覺得自己對政治沒那麼關心，失去熱情，許多公民運動、社會運動的人，也會覺得好像沒辦法匯集到以前那麼龐大的力量來支持。

所以過去的政治狂熱，並不是因為臺灣人很關心政治，而是我們這些政治從業者投入大量選舉資源所造成的錯覺。有這麼多的選舉業者不斷想辦法造勢，當然會讓民眾覺得一天到晚都是政治新聞。

現在臺灣有相對完善的公共議事圈，也有很多新媒體存在，許多評論者會不斷提出各式各樣的政治意見。因此民眾的政治冷感，並不代表政治議題的討論停頓，它可能是進入更深化的層次。

如果你對政治很狂熱的話，可能會沒辦法冷靜討論議題，但如果你很冷靜地去看待公共事務，就比較能站在對方的角度來看事情，也比較容易達成共識，把討論推往更高的層級。

本來在狂熱狀態下沒辦法處理的問題，一進入冷靜期後，大家反而有機會找到出路。像是統獨意識形態，在冷靜的狀況下，我們可以討論具體解決方案，像是轉型正義具體來說應該怎麼轉，而不是一天到晚訴諸悲情，除了大罵和哭之外，也沒有什麼長進。

所以對政治冷感，搞不好是突破僵局的起點哦！像你是因為罷免案才會那麼關心政治的，等冷靜下來，說不定就能更客觀地看罷免制度。

連署罷免　門檻很高、CP值很低，不是人人玩得起來！

陳同學：

對，雖然我一開始是很反對罷免案，但後來看了很多新聞之後，才想到一些比較深的問題。像是臺灣人都覺得政客很爛，但為什麼臺灣很少有罷免案呢？不過我也沒找到答案啦！

許執行長：

簡單來講，罷免和《公投法》一樣，過去都是被閹割的民權，是修法之後才比較有機會進行的。

過去要推罷免非常難，門檻要求很高，投票率要過百分之五十，現在少了這個門檻，只要同意罷免的票比較多，且超過選區百分之二十五選舉人數，就可以罷免。所以過去很少罷免成功，除非真的是天怒人怨，或者選區非常小，比較容易操作，我記得過去成功罷免的通常是在鄉的層級，如鄉代、里長。

另一個很難看到罷免案的原因，是政治人物都會有一定的 sense，他當選之後，不太可能立刻翻臉，他會希望自己的政治事業可長可久，所以就算有很多政策做不到，也會虛與委蛇，東拖西拖，想辦法拖過四年任期，碰到選民質疑，就把責任推到別人身上。因此選民就算會有不滿，也不會急著要把政治人物拉下來。

還有，要過一年之後才能發動罷免，所以當你開始推動罷免攻勢時，通常會有另一場選舉讓大家忙。過去臺灣的選舉更多，因此對政治人物的不滿可能會轉換到其他選舉發洩。

而且如果要匯集出一定的民意去發動罷免，通常還需要真正的政治人物來幫忙，可是政治人物也有自身考量，要是今天自己出面把對手罷免掉了，那自己當選時，對手也可以用同樣的方法把自己搞掉，這樣冤冤相報何時了，所以最後大家就採取比較和平、和諧的處理手法，就是選舉時再來對決，不和你計較這一時。大概就是因為這些理由，所以過去很少罷免。

陳同學：我還有看到一個說法，就是過去罷免不能宣傳，所以罷免案很少見。現在好像都可以宣傳，也可以到處擺攤連署了。

許執行長：對，妳講的正好是我漏掉的部分。發動罷免，現在可以直接在街頭募集連署和宣傳。雖然過去的舊法也允許在街頭募集連署，可是募集連署的時候是不能宣傳的，這當然會影響到連署成果。

可以擺攤卻不能宣傳，乍看當然是非常弔詭，但這是有另一套理路的。臺灣過去多數民代選舉是複數選區制，就是一個選區會選幾個人出來，那有些人好不容易千辛萬苦當選了，但他是少數派，有錢有勢的多數派就有可能湊到足夠的票數去把他罷免掉。

為了保障這種弱勢或少數派，於是設計了非常高的罷免門檻，除了投票率要過半之外，就是不讓你宣傳，有錢也不能下廣告。

但是這樣的規則也形成一個反向的障礙，就算某政客真的有問題，你也無法宣傳他的問題。而且你說禁止宣傳，可是「宣傳」到底指的是什麼？舉例來說，我今天口頭說服一個不認識的人，希望他能幫忙連署，這算是宣傳嗎？

這牽涉到各級主管機關的認定。初步是由選委會判定，如果選委會認定之後，你不服裁決，那你可以去告，法官會做最終裁決，這就會變成基本民權先受制於行政權，後又受制於司法權，感覺就不太對勁。

所以後來就把這規定修掉了，也把數字門檻降低。不過可以宣傳後，又會有新的問題。像選舉本來就是可以宣傳的，但也有許多對於選舉經費的法規限制，可是罷免就沒有相關的規範了，因為罷免方並不見得會有一個明確的總部。要怎麼把這漏洞補起來，以避免金權政治的介入，這是接下來的重要任務。

還有一點是多數人沒有注意到的。選舉宣傳有一個很重要的限制，叫做「意圖使他人不當選」，相信大家都曾經在媒體上看到這個詞。「意圖使他人不當選」是妨害名譽概念的延伸，而在日常生活中的「妨害名譽」，包含公然侮辱罪、毀謗罪、毀謗死者、妨害信用等等。

在選舉時，大家知道會有所謂的抹黑，寄送黑函，以各種方式攻擊對手的候選人。如果是不實資訊的話，那就符合誹謗的要件，可是這些手段又有更深層的目的，就是不希望對手當選，這也就構成「意圖使他人不當選」，會有相對嚴苛的懲罰。一般的誹謗罪，通常判個幾萬塊就結束了，大家覺得罰錢可以解決；可是如果是選舉，你可能害人家落選，嚴重影響他人的參政權，就會給予比較重的刑罰。

可是罷免的宣傳目前並沒有「意圖使他人被罷免」或「意圖使他人不罷免」的相關配套法令，因為這牽涉到很多邏輯的問題，也讓罷免方或反罷免方有很大的抹黑他人空間。雖然你亂罵還是會受到妨害名譽罪的制裁，但罪比較輕。所以現行的罷免法規，還是有蠻多漏洞。

陳同學：

感覺漏洞真的很多耶，像是我可以為了罷免某人，就把戶籍遷過去，罷免完了再遷回來。

許執行長：

選舉可以這樣做呀！罷免當然也可以這樣做。

過去選舉有很多這樣的狀況，就為了要選舉，大批的人遷入戶籍到激戰區，但是這樣的狀況通常只能在很小的選區產生作用，比如說這個選區只有三、五百票，那我遷了五、六十票進去，就會有很大的影響。

因此過去在比較偏鄉、離島，都會有為了選舉大舉遷戶籍的狀況，而都市的選舉，直到十幾、二十年前也都可以聽到有這種遷戶籍的狀況。甚至在柯文哲選市長的時候，我們也聽到有人就是為了要投柯文哲一票，特別遷戶籍到臺北來，或者為了要罷免蔡正元，特別遷戶籍到內湖去。

不過這樣遷戶籍，頂多一、兩千票，就像華僑回來投票一樣，都是投高興的。雖然很多人言之鑿鑿說這會對選舉局勢造成很大的改變，但根據我們的選舉經驗，似乎沒有造成實質的影響過。

但罷免是有連署的，你遷百分之三的人，就可能連署過關，但連署過關也還是要投票，你還是要爭取一般民眾的支持。我認為這樣做的成本太高，不如把資源拿去爭取現有選民還實際一點。

你只要實際做就知道這有多麻煩。要遷戶籍，必須要帶身分證去戶政事務所辦，需要移動，還需要在政府上班的時間去處理，但你只能獲得少少的一、兩票而已，除非當事人有這個意願而主動去做，否則總部應該不會把錢浪費在這邊。

除了這些成本，還有司法層面的成本呢！之前就曾經在金門抓到假的居民，可能一戶裡面住了二、三十個人，除了當時有小三通，有金門戶籍比較方便去對岸以外，也可能是要影響金門的在地選舉。這個被判出來的話，通常也是一筆罰金。所以有心搞罷免，照遊戲規則來是最好的囉！

陳同學●●

之前黃國昌過了罷免提案門檻，我看他們黨的人都很緊張，但最後投票還是沒過關。我想請問，過提案門檻和真正罷免掉之間的差距有多大啊？

許執行長●●

臺灣現在罷免有兩階段連署，以及最終的投票，一般在政治圈就視為三階段。第一階段提出門檻是要百分之一選區選舉人數的連署，第二階段連署要百分之十，第三階段的投票，你至少要拿到百分之二十五，也得比反對罷免的人多。

要湊到百分之一並不難，因為多數的宗教團體或政治團體，在臺灣都可以過百分之一支持度。你過一階段之後，就是二階段，這時就很難了，要百分之十。因為臺灣真正能過百分之十的公共團體並不多。

像慈濟是全臺灣最大的宗教團體，也只占人口的百分之七左右，他們要連署，光靠自己人也不夠。所有信基督的團體加起來也只是百分之六上下，那為什麼黃國昌會被連署破百分之十呢？因為國民黨有幫忙嘛！國民黨和民進黨，就是臺灣極少數能過百分之十的群體。

光是靠特定的民間團體自身努力，要過百分之十幾乎是不可能的任務，所以之前罷免蔡正元，有靠民進黨動員；罷免黃國昌，也是靠國民黨動員。

但就算大黨都動員了，就一定能過二階段嗎？還是很難哦！你有連署過就會知道，你得去一個攤位，寫上你的姓名、身分證字號、包括鄰里的戶籍資料，這可是大筆的個人資訊，很多人不願意被人取得這些資訊的。所以就算你這個黨在選舉中能拿下百分之十，連署也很難拿到百分之十，因為投票是祕密投票，罷免就是公開展示立場了。

我認為大概要百分之三十的政黨支持度，才能換到百分之十左右的連署書。而且只要資料有錯，就會被剔除，所以要連署到百分之十二會比較保險。因此除非要被罷免的這位仁兄能集聚各方許多的仇恨，否則以普通民間團體來講，真的是不太容易達成目標。

好，就算你過二階段了，三階段更是難中之難。三階段至少要拿到百分之二十五的票，還要比反對方高。以立委選區來說，一個二十萬票的選區，很熱門的選舉，會有百分之七十的投票率，共十四萬票投出來，假設贏的人八萬，輸的人六萬好了，那罷免這八萬票的傢伙，會需要多少票呢？

一階段是兩千人連署，二階段是兩萬人連署，那要過三階段需要五萬票。所以落選的人，自己的那六萬都投出來，不就有機會了嗎？但如果你把自己的六萬都催出來，對手也會把他的八萬都催出來啊！你不只要拿五萬票，你還要比他多才行。

而且罷免案和連署節奏有關，你很難抓時間去搭配大選，如果罷免是自己獨立投票，大家就比較不愛投，因為一次只有投一張，反對罷免的又不想去投，投票率通常只有兩成，那就根本不用談過關了。

陳同學：

但和選舉比起來，大家的確比較不關心罷免耶！有時候都不太清楚到底進行到哪邊了。

許執行長

除了前面講過的點，我還可以補充兩個原因。第一，罷免和選舉最大的差別，是選舉至少有兩個候選人在那衝票，當然容易熱，但罷免只有一個政治人物，另外一邊是空白的，在沒有對決的狀況下，當然不會熱。

還有一個原因是罷免總部在連署的時候，往往會一、二階段一起做，收到一定程度才會去報一階段，這樣第二階段的時間才不會太趕。所以大家通常不太清楚現在到底進行到什麼程度囉！

如果對罷免進度有興趣的話，我們現在有兩個管道可以查詢，第一個就是地方的選舉委員會，他們是最有公信力的，他們說進行到哪裡就是哪裡，他們公告出來的票數才是最終票數。

在一般選舉的時候，開票之夜總是非常熱情，大家喜歡看電視開票報導，看那個數字一直跳，心情就愈來愈興奮。不過那些票數通常是假的，因為媒體沒辦法去每個投開票所抄錄開出的票數，就算是政治人物的競選總部，也很難去每個投開票所抄下票數並回報。在國民黨非常壯大的時代，他們都沒辦法做好報票了，依我看，有史以來第一個能準確回報票數的，應該是柯文哲，他派了幾百個志工去監票，並且成功地回報票數。如果最準的是他，其他人就不用說了。

除了中選會之外，你也可以去問罷免方的總部，在過去罷免蔡正元時有「割闌委」的總部，罷免黃國昌時也有罷免總部，他們會去公告一些目前的罷免進度，但所公告的數據往往是有問題的，可能會過度誇大。他們會宣稱已經突破三萬份連署，但事實上可能不到一萬份。因此如果需要參考數據的話，還是請一律看選委會公告。

陳同學：所以如果真的被罷免了，那應該代表他做得很糟糕囉？進到第二階段，也就代表他有很大的問題嗎？像罷免黃國昌失敗的陣營，也一直強調他們的票數比支持黃國昌的多，這樣的票數差，在政治上有意義嗎？

許執行長

這些連署或票數，只代表有那麼多人討厭他，不代表他真有問題。就像選舉當選的人，只代表喜歡他的人很多，不代表他就是一流的人才。

因為連署很難，很多對政治沒概念的人看到罷免案進入第三階段，都會覺得這個被罷免的人應該很糟糕。但到底是哪裡糟糕呢？也是人云亦云。

最近罷免案進到第三階段的政治人物，通常累積了一定的仇恨值，最具代表性的就是蔡正元，他成功進入到罷免的第三階段，但他做得真的很爛嗎？我們雖然和他不同黨派，但我覺得他在自己的責任範圍內相當拚，但因為他是走極端主義路線，也就可能獲得兩極評價。

黃國昌也是風格比較極端，愛恨分明，不好喬，這也讓反同基督徒鎖定他來罷免，認為可以集結各種反對他的人來突破票數限制。但就現實來看，黃國昌很極端，反對他的人也是另一種極端，票都不多。

所以如果要談政治意義，那些票數真的沒什麼好說嘴的，我覺得罷免連署和投票，反而突顯政治少數派常誤認自己有實力發動政治攻勢。真正能在罷免戰場發動有意義攻擊的，還是兩大黨，但大黨通常都會走穩健路線，因此罷免註定會成為一種「擺著看好像很厲害，實際上卻沒人玩得起來」的制度囉！

選賢與能　試著尋找心中失落的那一塊吧！

王同學：

我是因為對政治有興趣才會來報名這個實習，但我聽了一整天，發現選民服務好像很重要，然後聽到剛剛罷免的部分，又覺得票數好像不能反映現實或能力，那這個民主體制，真的能選賢與能嗎？還是像服務業一樣，都只有最基層那些人勞心勞力，大老闆都在爽呢？感覺很混亂，沒有什麼結論呢。

許執行長

你能有這麼多的思想轉折，就代表你已經很進入狀況囉。你的這種認知才是對的，或是良性的；單純認為民主就是要選賢與能，就是能選出賢和能，這才是天真過頭的外行人意見。

好，「選賢與能」是古代皇帝用來選官員的標準，這適不適合用來當作現在我們民選官員和民代的標準呢？這要看你對賢和能的定義。

我個人觀察過許多第一流的政治人物，我的建議是，大家看待政治人物時，不要把他當神，他只是人，他擁有的能力非常有限，而真正有賢有能的不是他，是他底下的那些公務員。他如果能把團隊成員的賢和能發揮出來，那就是個第一流的政治人物了。

第二流的政治人物呢，就是無法激發團隊能量，但至少能無為而治，讓一切能自然運作，守成不失。第三流的呢？就是為了自己的意識形態、個人私利，害團隊連基本能量都發揮不出來，還會倒扣。

至於選民服務呢，你做普通選民，和你做一個專業政治人，看事情的角度就會不一樣。民眾看政治人物，想的是你要為我服務；而政治人物看民眾，是有幾千、幾萬人啊，他怎麼可能為你一個人服務？

所以選民服務的確重要，卻不是為那少數幾個人服務，你的格局要大。你看事情的格局大，對於待人處事的格局也會大起來。就算人民不懂，你自己也要懂，你要產生一種道德認知，逼自己放下人際關係的私利，去謀求更多的公益。

這樣講好像有點「假掰」，但你對政治有興趣，想在這長久發展下去，就會知道這種格局是必備的，你不具備這種格局，就會被具有這種格局的人比下去，就算現在比不出高下，十年、二十年後，還是會分出勝負的。

做為黨的幹部，總是希望你們這些新進來圈子的人能步步高升，爬到最能展現你政治理想的位子。不過在這個圈子裡面混得夠久，你會發現每個人都有一個最適合自己的位子，那不見得是他夢想或理想中的位子，但在那個位子上，他就是賢，就是能。

所以我認為，你們如果願意進來，那麼就應該展開一段追尋之旅，在這個龐大的政治結構中，去找尋最適合你的位子，然後在那個位子上，把自己的能量發揮到極限。

因為時間關係，我大概只剩三分鐘了，接下來就是晚餐時間，用餐完之後，你們就要決定是不是留下來實習，要留下來的話，還要選一個黨部。

我建議你們挑戰自我的極限，先選自己最不想去的單位，然後觀察在那邊默默奉獻的人們。如果想成為政治人，你一定能從中有所收穫的。

最後就來講一個發生在我自己身上的故事吧。我大學一畢業是當某位政治人物的文稿，接著一路被肯定，還曾幸運地進過總統府幫忙。雖然只是很短的時間，但有件日常的瑣事，我到現在一直都忘不了。

總統府旁總有一些固定的陳情抗議者，他們會被隔離在有點遠的街口，有便衣的憲兵盯著。我在離職的那一天，因為是下午提早走的，所以就繞過去，想仔細看看這些人。

因為之前多半只在資料上看到這些人，我想在離開之前，看一下這些同事口中的「神經病」本尊到底是怎麼樣的人。

雖然他們看來的確有點怪怪的，但愈看，就會發現他們就像普通的小市民一樣，只是比較落魄一點。我看了半個多小時，發現他們就只是在原地發呆，或是播著同樣的陳情錄音帶，和外界沒有什麼交流。

我問最近的憲兵：「他們就這樣坐一天喔？」

那憲兵想都沒想就回答：「坐好幾年囉。也許我出生的時候就在了吧。誰知道。也請妳不要在這邊逗留。」

這個答案突然刺到我。我看到那憲兵的眼神，才發現在少了那張證件之後，自己好像和這些小老百姓沒什麼不同。正常人哪裡會花半個小時在這邊呢？我也是正常人眼中的神經病吧。

這讓我有種很強烈的失落感，覺得好像做錯了事，又或是遺漏了什麼。也正是這種失落感，讓我決定回到政治圈，又多走了十幾年。不論你們將來是不是做這一行，我認為你們都該出發去尋找心中失落的那一塊，然後想辦法填滿它。

時間到了，我的建議就止於此。希望下次有機會見面的時候，我們可以交換彼此找到的答案。

結語

CONCLUSION

對於政治，臺灣有個獨特定義是「管理眾人之事」。這定義來自於孫文，不見得人人認同，離開臺灣也沒啥人知道，但在收尾的部分，我就從這個定義談起。

「管理眾人之事」看來簡單，卻太過空泛。雖然政治實務的確包山包海，但就是因為內容相對複雜與多元，如果你只採用這麼簡單的定義，反而會讓普通人難以理解政治到底是什麼。

那「政治人」又怎麼看政治呢？

我認識上千位政治人，每個人對政治都自有一套看法，好像也不見得有共識。但你愈去逼問，就會發現他們多數也不清楚「自己心中的政治」是什麼。他們能在這個圈子討飯吃，顯然不是因為他們能掌握「政治的定義」。那這票人到底特別在哪?他們到底掌握了什麼?

我在政治圈工作幾年之後，曾回學校再讀一次研究所。在討論課程裡，我曾說出「政治圈也不過就是個職業社群，和其他職業社群一樣」之類的話，大概是想反駁同學的意見吧。

但帶課的政治學教授卻指正我：「政治社群擁有獨特的技術和關係，能在社會體制中占有優勢的地位。你不得不將他們區分出來看待。」

他講的沒錯。政治人和普通人最大的差別，就在於前者擁有技術和關係。

操作國家機器是種專門的技術，擁有這些技術的就是政治人，因為實務工作上的互動，他們會串連成一個統治的人際圈。而這種職業對於其他生活方式是有宰制力的，政治人可以輕易操作政府以實現自己的願望，或是把自己的願望偽裝成集體的意志。這就存在某些道德危機。

所幸臺灣存在多種政治意識形態，擁有類似技術的政治人會因為價值觀的矛盾而展開對抗，監視彼此，競爭求勝。因此民主社會雖然看起來「亂」，但只要人人都有最基本的政治知能，知道怎麼對政治人進行「監視」，就能亂中求穩。

這也是通貫本書的意念脈絡。讀者朋友不太可能看了本書之後就能成為政治人，但應該會更貼近政治人的心靈，知道他們怎麼想，在做什麼，又該如何與他們互動，避免被他們欺騙或壓迫，甚至反過來「收服」他們。

當然，本書旨在呈現政治人的概略想法，不可能涵蓋所有的內容向度，就算提及了一些政治分析，也不代表是事實的全貌。例如我在書中採用某政治人物的主張，明言某些離島地區財政較好，是因為有縣營事業，但也有政治人物認為是由於離島建設基金的挹注。為了讓論點保持一貫，我捨棄後者的說法，卻不代表那種說法是錯的。

本書的各種主張都可能存在類似的爭議，我不認為這些爭議有標準答案，但你可以在探問真相的過程中慢慢理解政治人，進而掌握與他們互動的方式。我不認為所有人都該投入政治工作，因為對普通百姓來說，除了投票之外的政治事務都是額外的負擔，也容易感到挫折。

但只要你以正確角度思考政治現象，你就有機會用最低的成本來對政治人物產生影響力：就像政治人轉動「鑰匙」，以最少的力氣來操縱國家機器，你也可以找到政治人身上的「鑰匙孔」，插入正確的「鑰匙」，就能操縱他們。

所以，政治是管理眾人之事，政治人是管理眾人之事的人，百姓呢？應該是「管理政治人的人」，或「整理政治人的人」，又或是更直白的，「『整』政治人的人」。

你比他們大，別只是被他們玩，反過來玩他們吧。

Ciel

人渣干政

人渣文本帶你前進臺灣政壇第一線，坐擁海景第一排

作者：周偉航（人渣文本）
發行人：王春申
總編輯：李進文
編輯指導：林明昌
責任編輯：林蔚儒
封面設計：拉裘立蓓爾
內頁排版：菩薩蠻電腦科技有限公司
業務經理：陳英哲
業務組長：高玉龍
行銷企劃：葉宜如
出版發行：臺灣商務印書館股份有限公司
23141 新北市新店區民權路 108-3 號 5 樓
（同門市地址）
電話：(02)8667-3712
傳真：(02)8667-3709
讀者服務專線：0800056196
郵撥：0000165-1
E-mail：ecptw@cptw.com.tw
網路書店網址：www.cptw.com.tw
Facebook：facebook.com.tw/ecptw

局版北市業字第 993 號
初版一刷：2018 年 9 月
印刷：沈氏藝術印刷股份有限公司
定價：新臺幣 320 元
法律顧問：何一芃律師事務所

人渣干政：人渣文本帶你前進臺灣政壇第一線，坐擁海景第一排 / 周偉航著 . – 初版 . –
新北市：臺灣商務，2018.09
面； 公分 .
ISBN 978-957-05-3162-6（平裝）

1. 臺灣政治 2. 時事評論

573.07　　107012278